너에게 출근

일러두기

책 제목 '너에게 출근 - 맞벌이 직장인 아빠의 육아 일기'는
『죽은 자의 집 청소』 김완 작가께서 지어주셨음을 밝힙니다.
사용을 허락해주신 김완 작가님께 감사드립니다.

너에게 출근

○
살구 에세이

맞벌이
직장인 아빠의
육아 일기

LEMON
CULTURE

추천사

사람들이 잘 모르지만 나는 숨은 부자다. 지금도 내 자산은 갈수록 불어나는데, 이 자산의 씨앗은 나의 엄마가 오래전 써 내려간 기록, 바로 육아 일기다. 나는 일기장의 존재를 입시에 실패하고 상심해 있던 열아홉 살에 알았다. 엄마는, 딸의 스무 살 생일에 주려고 꽁꽁 감추어 두었던 것을, 나를 다독이려고 조금 당겨서 준다고 했다. 거기엔 태어나던 날로부터 다섯 살 생일이 될 때까지, 내가 전혀 기억하지 못하는 나의 인생이 누렇게 바랜 종이에 띄엄띄엄 기록되어 있었다. 그리고 내가 짐작해 볼 생각조차 하지 않았던 내 보호자의 하루와 생각이 또한 쓰여 있었다. 작고 약한 나를 어떤 마음으로 바라보았는지, 어떤 걱정을 하고 어떤 상상을 했는지. 읽다 보면 종종 웃음이 터지는 이 진귀한 책은 나의 보물 1호가 되었다. 세월이 흘러 내가 일기

속 엄마의 나이보다 더 많아질수록 그 의미는 더 크게 불어났다. 나의 태어남을 기뻐하고 세심히 들여다봐 준 누군가가 세상에 있었음을 아는 것. 도저히 나지 않는 시간을 쪼개어 쓴, 사랑을 붙들어 둔 단어와 문장을 읽는 것. 삶에 있어 이보다 더 값진 자산을 나는 알지 못한다.

여기 또 하나의 씨앗이 될 아름다운 기록이 있다. 작고 여린 아이를 돌보는 보호자의 마음을 글로 읽는 건 어쩜 이리도 뭉클할까. 우리는 모두 누군가의 돌봄을 받고 자라났다. 양육자가 아니더라도 이 책을 읽으면 누구나 자신을 돌봐 준 사람에 대해 생각해보게 될 것이다. 그것이 당신에게 이미 있는 소중한 자산을 깨닫는 첫걸음이다. 참으로 맛있고 따뜻한 글을 한 편 한 편 감탄하며 읽다가 마지막에 "육아하는 사람은 육아 일기를 쓰기가 어렵습니다"에서 나는 그만 먹먹해졌다. 세상 모든 육아 일기가 위대한 이유가 이 한 문장에 들어 있다. 성실하고 단단한 사랑을 다시금 일깨워준 맞벌이 직장인 아빠 살구 작가에게 진심으로 고마움을 전한다.

_김하나 (작가, 육아 일기 보유자)

마음을 다한다는 것은 무엇일까. 단순히 시간을 함께 보내는 것을 의미하지는 않는 것 같다. 값비싼 선물을 사주는 것과도 다른 일 같다. 이 책을 읽으며 마음을 다한다는 것은 '기술'에 가까운 무언가가 아닐까 하고 생각하게 된다. 매일 연구하고 고민하며 단련해야 하는 것. 이 책은 한 아빠가 자신의 가정과 아이를 향해 온 마음을 다하는 기술을 하루하루 익혀 나가는 이야기이다. 오랫동안 나의 좋은 친구였던 오창열은 이제 살구라는 이름의 훌륭한 기술자가 되었다. 좋은 기술이란 그 시대에 얼마나 큰 보탬이 되는가. 이 책도 그럴 것이다.

_요조 (뮤지션, 작가)

들어가는 글

아이를 키우다 보면 입가에 웃음이 드는 동시에 코끝이 찡해질 때가 있습니다. 어지러운 식탁 위에 "엄마 아빠에게"라고 쓰인 서툰 글자를 봤을 때, 어린이집 선생님께 "아이 오늘 잘 지냈어요"라는 말을 들었을 때, SNS에 "1년 전 오늘" 아이 사진이 뜰 때, 아이가 새로 알게 된 낱말을 사용해 조잘거릴 때가 그렇습니다. '언제 이렇게 자랐나?' 싶은 대견함과 '앞으로의 시간은 얼마나 더 빨리 흘러가 버릴까?' 하는 조바심이 동시에 듭니다. 아이의 유아기가 쉬지 않고 흘러가는 게 온통 아깝고 아쉽습니다. 그 때문에 초등학교 취학통지서라도 받게 되면 복잡한 심경에 눈물이 조금 날지도 모릅니다.

아이를 키우면서 자주 생각합니다. 코로나19로 어려운 시간을 보내고 있긴 하지만, 그런대로 평범한 나

날을 보내는 지금이 아마도 내 인생 가운데 최고로 행복한 시기라고요. 다행히 직장을 유지하고 있고, 가족 중 사이가 나쁘거나 크게 아픈 사람도 없습니다. 이런 무난한 일상이 누구에게나 공평하게 주어지지 않는다는 점에서 더욱 겸손해집니다. 우리 가족이라고 힘겨운 삶에서 비켜나 있으리라는 법은 없다는 자명한 사실을 떠올리면, 오늘의 작은 일상도 소중하게 느껴집니다.

나는 맞벌이 직장인 아빠입니다. 여느 직장인이 그렇듯, 하루 중 너무 많은 시간을 회사에서 보냅니다. 아이와 있는 시간은 길어야 저녁에 한두 시간이고, 잠든 얼굴만 보는 날도 있습니다. 내 눈길이 아이 얼굴로 향하지 않는 시간에 아이는 더 많이 자라고 맙니다.

아이와 함께하는 시간이 멈춘 듯 천천히 흐르길 바라지만, '아이의 시계'는 나를 기다려주지 않습니다. 아이가 주인공인 성장 영화 한 편을 끊지 않고 감상하고 싶은데 '시간의 신'이 건너뛰기 리모컨 버튼을 마구 누르는 것 같습니다.

아이가 자라는 것에 대한 감탄과 아쉬움을 동력으로 육아 일기를 시작했습니다. 육아 일기를 써야겠다는 의지와 별개로 행동으로 옮기는 건 만만치 않았습니다. 평소 나의 일과는 이렇습니다. 일에 쫓기다 녹초가 되어 퇴근합니다. 아이와 함께 밥 먹고, 놀고, 씻고, 최소한의 집안 정리까지 마칩니다. 아이를 빨리 재우고 싶은데 번번이 열 시를 넘깁니다. 불을 끄고 눕습니다. 잠들지 않으려 눈을 부릅뜨지만 대부분 내가 아이보다 먼저 곯아떨어집니다. 다음 날, '잠들지 말아야 했는데' 후회를 하며(하지만 개운하게) 깨어나 서둘러 출근하는 날이 반복됩니다. 그런데도 체력과 시간을 짜내어 육아 일기를 계속 쓰자고 마음먹은 데는 몇 가지 이유가 있습니다.

첫째, 아이에게 "부모의 사랑 속에서 즐겁게 자라났다"는 사실을 알아차릴 수 있도록 해주고 싶기 때문입니다. 육아 일기란 아이 스스로는 기억하지 못할 자신의 역사를 양육자가 대신 기록해주는 작업입니다.

나는 김하나 작가의 저서 『힘 빼기의 기술』에 등장하는 〈빅토리 노트〉 일화를 좋아합니다. 그 노트는 작가의 어머니께서 딸의 스무 살 생일 선물로 주기 위해 태어난 순간부터 다섯 살까지 꼬박 기록한 육아 일기입니다. 스무 살을 앞두고 작가가 힘든 일을 겪게 되었을 때, 어머니로부터 노트를 받고 큰 힘이 되었다고 합니다. 지금까지도 침대 머리맡에 두고 가장 많이 읽는 책이라고 합니다. 어머니가 노트에 담은 건 끈기와 지구력으로 단단히 무장된 사랑임을 나는 알았습니다. 그게 얼마나 쉽지 않은 일인지 짐작할 수 있으니까요. 활자로 전해 들은 소식임에도 뭉클했고, 그 순간 나의 어머니도 떠올라 맑은 콧물이 주르륵 흘렀습니다.

아이도 나처럼 언젠가 부모 품을 벗어나 자신밖에 기억하지 못할 삶을 혼자서 꾸려가게 될 것입니다. 사춘기, 청년기를 지나며 자신만이 이해하는 어려움을 감당하게 될 때, 이 책이 빅토리 노트처럼 힘이 되어주면 좋겠습니다. 자신의 유아 시절을 알고 있는 삶은 내가 가본 길은 아니라서 잘 모르겠지만, 적어도 그 시절을 기억하려 애써 준 사람이 있다는 사실에 아이가 살아갈 힘을 얻지 않을까 싶습니다. 아이에게 육아 일기를 선물해주고 싶은데 빅토리 노트처럼 스무 살까지는 참지 못할 것 같습니다.

둘째, 아이와 함께한 시간을 오래도록 기억하고 싶기 때문입니다. 아이와 함께 있는 건 마음먹고 떠나온 비싼 여행과 닮았습니다. 눈에 담아 기억하고 싶은 것 투성이라는 점과 언젠가는 끝난다는 점 때문입니다. 아이의 보드랍고 통통한 뺨, 'ㅅ'과 'ㄷ'이 구분되지 않는 혀 짧은 소리(생쥐를 땡쥐로 발음), 엄마표 바가지 머리 시절은 다시 돌아오지 않습니다. 그래서 나는 여행자처럼 아이의 모습을 찍고 귀여운 대화를 메모합니다.

기왕 노인이 될 거라면 젊은 날의 즐거웠던 추억을

간직하며 늙고 싶습니다. 훗날 과거를 회상할 때, 아이와 함께한 기억을 풍성하게 떠올리고 싶습니다. 육아 기간 역시 내 삶의 의미 있는 부분이기 때문입니다. 노후 준비에 건강 유지와 저축만 있는 것이 아니더군요. 오래전에 쓴 일기를 읽을 때만 누릴 수 있는 즐거움이 분명히 있을 테니까요.

마지막으로, 육아 일기를 쓰는 건 나 자신을 돌아보는 일과 연결되기 때문입니다. 아이가 태어나고 그제야 '정말로 내가 아빠가 되어도 괜찮았는가' '대체 어떤 아빠가 되어야 하지?'라는 생경한 물음과 마주했습니다. 생각해보니 성장기에 롤모델로 삼을 만한 '남자 어른'이 없었습니다. 내 생애 첫 작별이 하필이면 음주운전자로 인해 세상을 떠난 아버지였습니다. 지금 와서 아버지에 대한 기억을 떠올리기엔 당시 내 나이 세 살은 너무 어렸습니다. 그저 앨범 속 사진 예닐곱 장, 영정 사진, 어머니에게 들은 몇 가지 에피소드를 콜라주 하여 그 모습을 상상하며 나도 모르게 닮아갈 뿐이었습니다.

어느 날, 아이가 어른이 되고 싶다고 해서 이유를 물어보았습니다. "아빠처럼 맥주 마시고 싶으니까"라는 의외의 대답에 화들짝 놀랐습니다. 아이 앞에서 좋은 본보기만 보여주면 되겠거니 했는데, 내가 의도하지 않은 모습까지 닮아갈 수 있다는 사실은 놓쳤던 것입니다. 아빠가 아이에게 끼치는 영향력을 실감하면서 말 한마디, 행동 하나까지 조심스러워졌습니다.

아이를 자신의 몸과 마음, 주변을 보살피고 가꿀 줄 아는 사람으로 키우려면 그게 어떤 것인지 아빠가 보여줘야 합니다. 결국 '대체 어떤 아빠가 되어야 하지?'라는 질문은 '어떤 사람이 되어야 하는가'라고 묻는 것이었습니다. 아이 삶을 들여다보며 육아 일기를 쓰는 행위는 내 삶의 나침반이 되었습니다. 아이가 어떤 사람으로 자라면 좋을지 상상하는 이 순간, 나침반 바늘이 '아이에게 바라는 모습이 있다면 내가 먼저 되어볼 것'을 가리킵니다.

아이가 성장하고 나와 아내가 늙어가는 동안 각자 또는 서로가 갈등이나 다툼, 큰 질병이나 상실과 같은 문제에 부딪힐 때도 있을 것입니다. 지금, 오늘을 어떻게 살아가는지에 따라 많은 것이 달라질 것이라 믿고 있습니다.

아이에게는 아빠와 함께 있는 시간이 필요하고, 아

빠에게는 아이와 함께 있는 시간이 필요합니다. 함께 할 수 있을 때 함께해야 합니다. 만약 이 글을 읽는 당신이 아빠라면, 아이가 다 자랄 때까지는 살아있어야 한다는 반농담을 덧붙이고 싶습니다.

이 책을 선택한 여러분께 깊이 감사드립니다.

_2021년 봄, 아이가 자는 틈을 타 씁니다.

차례

들어가는 글   8

마지막 신발의 주인   20

가장 보통의 행복   28

붙들 수 없는 시간   36

살아있는 할아버지가 되고 싶어   42

괜찮아, 그럴 수도 있지   50

지금, 이 순간이 좋아   58

방귀의 추억   64

코로나 블루를 극복하는 완벽한 방법   72

버릴것 없는 삶   80

아빠랑 노는 게 좋아   90

아이의 취향	98
세상에 하나뿐인 글자	106
지치지 않겠습니다	114
자신감 뿜뿜	122
포기는 없다	130
아이의 우선순위	138
옜다, 별 받아라!	148
아빠가 아직은 숨기고 싶은 이야기	160
아이의 언어 세계	170
아이가 살아갈 세상	178
남자다운 머리	184
나가는 글	196

마지막 신발의 주인

퇴근 일 분 전, 이미 달릴 준비를 마친 상태입니다. 컴퓨터 전원은 진작에 껐습니다. 사무실 출입구 앞에 서서 시계를 봅니다. 세상에서 제일 긴 일 분입니다.

여섯 시 정각, 퇴근 도장을 찍은 후에는 버스정류장을 향해 땅을 박차며 뛰어갑니다. 워킹맘인 동료 한 명도 같이 뜁니다. 처리하지 못한 업무가 떠올라 얇은 불안감을 느끼면서도 그저 부지런히 달립니다. 내가 달리는 이유는 단 한 가지입니다. 아이가 아빠를 기다리고 있기 때문입니다.

우리 집은 맞벌이 가정입니다. 음악으로 먹고 사는 프리랜서 아내는 저녁 늦게 일정을 마치는 경우가 잦아, 대부분 내가 아이를 어린이집에서 하원 시킵니다. 그 덕에 내 일과에는 단거리 달리기가 들어있습니다.

운이 좋은 날엔 숨을 미처 고르기도 전에 버스가 도착합니다. 하차 문 가까운 자리에 앉습니다. 그리고 습관적으로 하차 교통 카드를 미리 찍어둡니다. 버스정류장에서 내립니다. 이제부터 걸어갈까 싶지만 놀이터에 아이들이 노는 것을 지켜보는 엄마와 할머니들이 보입니다. 그 따뜻하고 평화로운 풍경에 나는 또 달립니다. 나는 완벽한 부모를 지향하지도 않고, 불안감이 높은 양육자도 아니지만 '아이가 오늘은 얼마나 오래 기다렸을까?' '아이 기분은 괜찮을까?' 생각하면 마음이 조급해집니다.

달리기 선수는 연습을 통해 기록을 단축할 수 있지만, 나는 아무리 빨리 달려도 아이가 혼자 남아있는 시간을 단축하지 못합니다. 아이를 조금이라도 빨리 하원 시키려면 회사에서 조퇴를 하거나, 택시를 이용하면 되겠지만 한계가 분명한 선택지입니다.

드디어 어린이집 앞입니다. 현관에서 가쁜 숨을 몰아쉬는 내게 선생님은 늘 오후 일곱 시 반까지 와도 된다고 말씀하시지만, 나는 일 분이라도 일찍 도착하고 싶은 심정뿐입니다. 벨을 누르니 디지털 새소리가 선생님을 부릅니다. 선생님은 "잠시만요. 수현아, 아빠 오셨네?"라는 어제와 똑같은 대답으로 나를 맞이합니다. 그 특유의 억양에 밝은 동요와 같은 흥이 묻어있어 같은 직장인인 내게는 "드디어 퇴근"이라는 것처럼 들리기도 합니다.

아이를 기다리는 동안 현관에 서서 어린이집 안을 둘러봅니다. 아이들이 고사리손으로 찍은 무지갯빛 손바닥 그림이 보입니다. 귀여운 아이들의 재잘거림이 들리는 듯하여 저절로 함박웃음이 납니다. 그러다 신발장에 시선이 고정됩니다. 신발이 한 켤레뿐입니다. 눈물이 왈칵 올라옵니다. 반 뼘 길이밖에 되지 않는 작은 신발에서 외로움이 느껴졌습니다. 마음과 달리 아직 웃음기가 남아있는 얼굴로 선생님께 어제와 똑같은 질문을 합니다.

"마지막 아이는 언제 갔나요?"

아이가 혼자 남은 시간이 최대한 짧기를 바라는 마음은 늘 좌절됩니다. 아이는 거의 예외 없이 짧게는 한 시간, 길게는 두 시간 정도 혼자 남아있습니다. 그건 너무 긴 시간입니다. 엄마, 할머니, 하원 도우미의 손을 잡고 떠나는 친구들을 보며 "잘 가, 내일 봐. 빠이빠이"를 가장 많이 했을 아이는 시내버스의 절반쯤 되는 좁은 방에 혼자 남아 선생님과 시간을 보냅니다. 그 시간 동안 아이가 딱히 재미있는 활동을 하는 것 같지도 않습니다.

오늘 아이가 밥은 잘 먹었는지, 똥은 눴는지, 낮잠은 잘 잤는지, 간식은 뭘 먹었는지 등에 대해 선생님과 몇 마디 인수인계를 나누다 보면 '마지막 신발의 주인'이 다른 선생님의 손을 잡고 방에서 나옵니다. 외롭고 무료한 시간에 지쳤다는 게 아이 표정과 몸짓에서 고스란히 드러납니다. 아이는 양팔을 벌리고 있는 나를 발견하고도 시무룩한 표정이 밝아지거나 걸음이 빨라지지 않습니다. 나는 여기까지 달려왔지만 아이의 걸음은 무겁고 느립니다.

오늘은 아이를 세발자전거에 태우는 대신, 일부러 안아 들고 집까지 걸어갑니다. 우리의 몸을 밀착함으로써 서로 떨어져 있던 긴 시간이 보상되길 바랐습니다. 미안한 마음에 괜히 웃겨보려고 해도 아이의 기분이 나아지는 것 같지 않습니다.

"내일은 아빠가 제일 먼저 올게. 약속."
"응, 알겠어."

다음날, 나는 회사에서 조퇴를 했습니다. 어린이집까지 여유롭게 걸어갑니다. 어제 아이와 약속한 대로 제일 먼저 어린이집에 도착했습니다. 신발장에 신발이 가득 차 있습니다. 오늘은 선생님께 마지막 아이가 언제 갔는지 물을 필요가 없습니다. 아이가 환한 얼굴로 내 품에 안깁니다. 내가 달리는 날에는 아이가 걷고, 내가 걷는 날에는 아이가 달립니다. 기분이 좋아진 우리는 놀이터로 향했습니다.

나는 앞으로 얼마나 많은 날을 달려야 할지 모르겠

습니다. 흔히 육아를 마라톤에 비유하곤 하던데, 나의 육아는 무수한 단거리 달리기의 합으로 이루어져 있습니다. 일하는 양육자들이 어린이집으로 달리지 않았으면 좋겠습니다.

가장 보통의 행복

드디어 오늘 밤은 혼자입니다! 오랜만에 일찍 귀가한 아내에게 아이 재우는 것을 맡겼기 때문입니다. 마치 휴가 복귀가 임박한 군인처럼 지금 내게 주어진 두어 시간이 일생일대의 귀중한 시간처럼 느껴집니다. 엉망이 된 책상 정리나 밀린 독서를 할까 생각했지만 그런 적극적인 활동을 할 체력은 남아있지 않습니다. 무척 피곤하지만 맥주를 마시며 영화라도 한 편 보기로 합니다. 제한된 시간을 최대한 효과적으로 사용하고 싶은 만큼 영화 선택에 신중해집니다. 고민 끝에 겨우 고른 영화를 틉니다. 시원한 맥주를 들이켜는 순간, 온몸에서 쨍한 해방감을 느낍니다.

"아―좋다!"

그러나 행복한 시간은 오래가지 못했습니다. "덜컥 덜컥." 아이가 내 방 문고리를 어설프게 돌리는 소리가 들립니다. "아…" 반사적으로 탄식이 터져 나옵니다. 방문을 연 아이가 스탠드 불빛에 눈을 찌푸리며 말합니다.

"아빠, 잠이 안 와."
"엄마 옆에 누워있다 보면 잠이 들 거야."
"그런데… 엄마가 있으면 아빠가 안 재워줘?"
"아니, 그런 건 아니고…."

사실 그런 게 맞습니다. 아내가 일찍 귀가하는 날엔 소파 위에 기절하듯 엎어지며 아내에게 육아 바통을 넘겼습니다. 아내도 지금껏 일하고 왔으며 당연히 쉬고 싶다는 걸 알면서도 나는 기어코 모른 척하고야 맙니다. 아무튼, 아이가 나의 육아 교대 패턴을 눈치챘군요. 왜 모르겠어요. 어쩐지 미안한 마음이 듭니다. 아이가 잠이 안 온다고 할 때면 내가 늘 하는 말이 있습니다.

"업어줄까?"

아이가 내 등에 업히기 전, 다른 날과 비슷하게 이런 상황이었을 것입니다. 일하느라 녹초가 된 아내는 자기 싫어하는 아이를 겨우 달래어 눕히고 불을 끕니다. 아이가 책을 읽어주면 자겠다고 떼를 씁니다. 아내는 조명을 켜 책을 읽어 준 후 다시 눕습니다. 아이는 잠이 안 온다며 베개를 바꾸자고 합니다. 또 한참 뒤척이다가 재미있는 이야기를 해달라고 합니다. 아내는 슬슬 올라오는 화를 참으며 이야기를 지어서 들려줍니다. 이젠 진짜 자는구나 싶은 찰나, 아이가 마실 물을 달라고 합니다. 아이는 잠시 누워 있다가 화장실에 가야 한다고 합니다. 화장실에 다녀와서는 다른 색깔의 옷으로 갈아입겠다고 합니다. 물을 또 달라고 합니다. 물을 마시다가 옷에 흘립니다. 급기야 아내의 인내심이 폭발하여 소리를 지릅니다.

"안 잘 거야?! 잠 좀 자자!"

밤 열한 시, 졸리지만 잠들기 싫은 아이를 등에 업고 어두운 거실을 천천히 걷습니다. 창문으로 선선한 바람이 들어옵니다. 가로등 따뜻한 불빛에 생긴 우리의 그림자 한 덩이도 아른아른 움직입니다. 그림자를 바라보다가, 당장이라도 재워야 할 아이에게 괜히 말을 걸어봅니다.

"수현아, 행복해?"
"응."
"행복이 뭔지 알아?"
"몰라."
"궁금해?"
"아니."

무엇이든지 "왜?" "그게 뭐야?"라고 되묻는 아이가 지금은 행복이 뭔지 궁금하지 않다고 합니다. 그래도 괜히 말을 이어가고 싶어 말을 주절주절 늘어놓습니다.

"행복은 '아─좋다!'라는 말이 저절로 나오는 순간을 말해. 아빠는 빨랫감이 없을 때, 엄마랑 커피 마실 때, 회사 안 가고 너랑 집에 있을 때 기분이 좋아. 넌 언제 기분이 좋아?"
"난 아빠랑 잘 때 기분이 좋아."
"아빠는 그 말을 들으니 기분이 좋네."

흐트러진 어부바 자세를 바로잡기 위해 나는 몸에 힘을 주어 한 번 들썩입니다. 내 등에 빈틈없이 붙으며 얼굴을 파묻는 아이가 잠 들어 숨소리가 커질 때를 기다리며 자장가를 불러줍니다.

잠든 아이를 조용히 눕힙니다. 아이를 눕히며 침대 위로 몸을 기울였을 때, 피로가 쌓일 대로 쌓인 내 몸의 무게감이 느껴집니다. '잠깐 누워볼까?' 하는 유혹과 '지금 누우면 영화건 맥주건 이 하루가 끝난다'라는 절박함이 충돌합니다. 일단 잠깐 누워봅니다. 등이 바닥에 닿는 순간 온몸이 녹아내리며 "아―좋다!"라는 말이 저절로 나옵니다. 체력이 완전히 방전되었음을 느낍니다. 다시 일어날 수도, 그럴 의지도 없습니다. 몸이 퍼지는 것에서 묘한 행복감을 느낍니다. 비로소 '육아 퇴근'입니다. 영화와 맥주의 시간은 다음에 또 기회가 오겠지요. 아이의 다리가 내 배 위에 턱 올라오는데 슬쩍 웃음이 납니다. 눈이 스르륵 감기는데 문득 '아내는 오늘 행복한 순간이 있었을까?' 궁금해졌지만, 이만 잠들어버립니다.

붙들 수 없는 시간

월요일부터 야근에 지친 채 버스정류장 앞에 섰습니다. 가뜩이나 뜨거운 8월의 밤공기가 버스 행렬이 내뿜는 열기로 더 뜨겁고 묵직합니다. 전광판에 버스 도착 시간을 확인하며 귀가 시간을 가늠합니다. 아내에게 전화를 걸어 "아홉 시 사십 분쯤 집에 도착해"라고 말합니다. 이를테면 '독박 육아'의 수고를 조금이나마 덜어 줄 요량으로 '예상 가능한 남편'이 되려는 것입니다. 수화기 너머 아내 목소리가 가볍고 경쾌하게 들립니다. 아이와 함께하는 시간이 힘들지 않은 것 같아 다행입니다. 아내는 내 용건에는 관심이 없고, 아이에게 전화기를 바로 넘겨줍니다.

"수현아, 오늘 무슨 일이 있었는지 얘기해 줘."

"아빠, 나 오늘 매미 잡았다? 매미 먹으라고 통에 복숭아 껍질도 넣어줬다?"

아이는 매미를 잡았다며 한껏 들떠있습니다. 다섯 살 아이가 말을 조잘조잘하니 실실 웃음이 납니다. 언제 이렇게 말이 늘었는지 자꾸 말을 시키고 싶습니다. 나는 최대한 호기심 가득한 목소리로 연속 질문을 합니다.

"우와—그랬어? 언제 잡았어? 어디에서 잡았어? 나무? 만지는 데 무섭지는 않았어? 매미한테 꽉 물리지는 않았어? 대단하다! 수현이가 잡은 매미 보고 싶다! 아빠 집에 금방 갈 테니까 매미 구경시켜 줘. 그리고 다시 나무에 붙여주러 가자."
"좋아."

드디어 집입니다. 평소에는 귀가 후 가장 먼저 하는 일이 아이를 안아주는 것이었지만, 오늘은 특별히 아이의 관심사에 동조하는 의미로 매미에게 갑니다. 아이가 매미를 소개해줍니다. "매미야 안녕" 하며 인사하는데 매미가 비실비실합니다. 서둘러 풀어줘야겠습니다.

곤충 채집함을 들고 밖에 나가려는데, 센서 등이 켜진 현관 앞에서 아이가 말합니다.

> "잠깐만! 우리 한번 안아보자. 아까 봤으니까(오랜만에 보니까)."

세상에나! 아이가 이런 말을 하다니, 놀랍고 반가웠습니다. 그러고 보니 오랜만에 보긴 했군요. 아침에는 자느라 출근하는 나를 못 봤으니까요. 아이가 나에게 다가와 빈틈없이 꼭 안아줍니다. 내 온몸이 그 작은 몸에 감싸진 듯 포근한 느낌이 들었습니다. "더할 것 없는 삶"이라는 말이 떠올랐습니다. 그 순간에 머물고 싶었지만 몇 초 후, 아이가 "이제 됐다"라고 말하며 내 몸에서 떨어집니다.

시간이 흘러갑니다. 아이는 어리고 나는 젊은 날, 매일 안을 수 있고 매일 같이 잘 수 있는 날, 아이의 새로운 말을 들을 수 있는 날이 지나가고 있습니다. "아이가 자라는 게 아깝다" "그만 자랐으면 좋겠다"라고 입버릇처럼 말해본들 다시는 이런 날들이 오지 않는다는 선명한 사실에 아이와 함께하는 시간이 더 소중하게 느껴집니다. 간직하고 싶어도 붙들 순 없으니 이런 순간이 자주 찾아오기를 바라봅니다.

주어진 시간 동안 매미는 힘껏 울고, 나는 행복한 순간을 힘껏 붙잡으려 합니다. 반나절 만에 자유를 되찾은 매미의 여생도 무사하길 빕니다.

살아있는 할아버지가 되고 싶어

어린 시절, 나는 아버지에 대해 아는 바가 없었습니다. 가수 조용필을 아빠라고 생각했던 대여섯 살 무렵의 어느 날, 텔레비전에서 그를 발견했습니다. 나는 어머니에게 우다다 달려가 기쁜 소식을 알렸습니다.

"엄마! 엄마! 아빠가 테레비에 나왔어!"

확신과 기대감에 부푼 한 마디였습니다. 어머니가 다가와 내가 가리키는 텔레비전 속 남자, 조용필을 보며 재미있다는 듯 웃었습니다. 아빠가 아니라고 말하며 싱긋 웃는 어머니의 맑고 다정한 표정이 아직도 기억에 선명합니다.

어머니로부터 실망스러운 대답을 들었지만 나는

멋쩍거나 좌절하지 않았습니다. 씩씩한 어린이였기 때문이 아니라 아버지의 장기 부재 상태가 앞으로도 계속될 것임을 어렴풋이 짐작했기 때문입니다.

초등학생이 되었을 무렵, "아버지가 미국에 돈 벌러 갔다"라는 어른들의 말은 마침내 효력을 다했습니다. 미국이 아닌 경남 지방의 추모 공원에서 장기 부재 중이었던 아버지를 만났기 때문입니다. 갑작스럽거나 새로운 상황도 아니었기에 나는 눈물겹지도 절망스럽지도 않았습니다. 그저 어머니에 대한 연민과 또래 사이에서 위축되어 생긴 내향적인 성격에 살을 덧붙였을 뿐입니다.

2019년 추석 연휴 마지막 날, 우리 가족은 아이가 태어나고 처음으로 아버지의 무덤이 있는 추모 공원으로 향했습니다. 나는 가족들보다 앞장서서 양지바른 산비탈을 내려갑니다. 무덤 위치를 찾을 때마다 어린 시절 불안하고 조급했던 감정이 떠오릅니다. 언젠가 어머니가 돌아가시면 스스로 찾아야 할 날이 올 것이라는 막연하고도 불길한 예감에 등 떠밀려서, 성묘 때마다 아버지의 무덤 위치를 외우려 애썼던 시절이었습니다. 관리사무소에 물어보면 된다는 걸 그때는 알지 못했습니다.

우리 부부와 아이, 어머니와 동생이 무덤 앞에 도착했습니다. 삼십여 년 만에 삼대가 처음으로 모인 순간이었습니다. 정오의 햇살은 밝고 따뜻했으며 바람은 선선하게 불어왔습니다. 아버지의 무덤 곁에 선 어머니는 잔디 사이에서 자란 잡초를 손으로 뽑으며 매년 똑같은 인사를 했습니다.

"우리 애들 이만큼 컸어요. 하늘나라에서 잘 보살펴주세요."

어린 시절, 나는 좋은 일이 생기면 '하늘에서 아버지가 보살펴주었기 때문인가?' 생각했습니다.

무덤의 모습은 기억 속 그대로였지만, 크기는 내가 자란 만큼 작아진 것처럼 느껴졌습니다. 돌 화병에서 빛바랜 낡은 조화를 빼고 새로 준비한 개나리색, 자홍색 조화 다발을 꽂았습니다. 어머니는 사과와 배, 소주를 상석에 올려놓았습니다. 이제 아이에게 할아버지를 소개해 줄 차례였습니다.

"지금까지 할아버지를 본 적 없지? 이 무덤 안에 계시니까 인사드리자."
"그럼 풀 속에 할아버지 해골바가지가 있는 거야? 어떻게 인사해?"
"응. '안녕하세요' 하면 돼."

아이는 어린이집 근처 무덤가 잔디밭에서 자주 놀았기 때문인지, 생전 처음 무덤에 인사하는 게 어색하지 않은 눈치였습니다. 초록색 잔디 옷을 입은 할아버지에게 아이는 손을 흔들며 인사했습니다.

우리 가족은 각자 돌아가며 무덤에 술을 뿌렸습니다. 아이는 왜 술을 뿌리는지 궁금해했습니다. 할아버지가 생전에 술을 좋아하셔서 드리는 거라고 설명했습니다. 아이의 궁금증은 풀리지 않았습니다.

"할아버지는 죽었는데 어떻게 먹어?"
"(아내가 봉분에 작게 패인 홈을 찾아 가리키며)할아버지 입이 여기 있을지도 몰라."
"그럼 내가 줄래!"

'재밋거리 사냥꾼'인 아이가 새로운 놀이를 포착했습니다. 유리 술잔을 들고서 봉분 곳곳에 연거푸 술을 부었습니다. 살아있는 할아버지와는 결코 하기 어려운 놀이였습니다. 아이가 할아버지와 노는 걸 가만히 지켜봤습니다.

과일과 술병을 거두고 정리하려는데, 젊었던 아버지보다 두 배 넘는 나이가 된 환갑의 어머니가 마지막 인사를 건넵니다.

"지난여름에 오려고 했는데 이제 왔네. 우리 수현이 하늘나라에서 잘 보살펴주세요."

"얘는 잘 자랄 거예요, 어머니."

익숙히 들어왔던 어머니의 말에, 아버지 대신 내가 무심하게 대답했습니다. 평소에도 아이는 알아서 잘 자랄 것이라고 생각해왔기 때문입니다. 크게 아프지 않고 건강히 자라는 아이에게 더는 바랄 것이 없었습니다. 그러나 지금은 아이에게 특별히 바라는 게 생겼습니다. 그간 잊고 지내온 어린 시절의 내가 생각났기 때문입니다.

아이가 너무 가까운 이를 잃어 결정적인 상실감을 배우기보다 적당히 먼 거리의 소식을 통해 죽음을 짐작하면 좋겠습니다. 흔들리는 불안감을 견디려 빨리 어른스러워지기보다 안정감 속에서 느긋하게 자라면 좋겠습니다. 부모를 연민하는 대신 그저 든든하게 믿었으면 좋겠습니다. 자신이 속한 세계에서 위축감보다 연결감을 경험하며 자라나면 좋겠습니다. 그러기 위해서는 내가 할 몫이 있네요. 아이가 자라는 동안 '아버지의 공백은 결코 없을 것'이라고 속으로 다짐합니다.

아버지의 무덤을 뒤로하고 나서는 길, 여기저기 무덤마다 꽂힌 조화를 봤습니다. 어떤 집이 최근에 다녀갔는지, 오래전에 다녀갔는지 눈에 보입니다. 다음번엔 아버지의 무덤 조화가 너무 바래지기 전에 다시 와야겠습니다.

문득 '살아있는 할아버지가 되고 싶다'고 생각했습니다.

괜찮아, 그럴 수도 있지

평소처럼 아이를 어린이집에서 하원 시키던 길이었습니다. 자동차 뒷자리에 앉은 아이가 던진 짧은 말 한마디에 나는 큰 소리로 엉엉 우는 소리를 냈습니다. 아이가 나를 위로하듯이 말했습니다.

"괜찮아, 그럴 수도 있지."

내심 기대했던 대답이 아이 입에서 나왔습니다. 내가 원하는 반응을 끌어내기 위해 던진 미끼를 아이가 덥썩 문 것입니다.

조금 전 상황은 이랬습니다. 퇴근 후 어린이집에 가니 아이는 자신의 그림을 보여주었습니다. 아빠의 축하 폭죽 같은 감탄에 아이 표정에는 자랑스러움이 한 껏 피어났습니다. 그림을 엄마에게도 보여주겠다며 집에 갈 때 꼭 챙겨달라고 했습니다. 그러고는 집에 가려 하지 않고 친구들과 마저 노는 데 열중했습니다.

시곗바늘이 밤 아홉 시를 넘어가자 아이들은 서로 부딪히며 슬슬 투정을 부리기 시작했습니다. 졸린 것입니다. 친구네 차에 타려 바둥바둥 하는 아이를 안아 들고 서둘러 우리 차에 태웠습니다. 이제야 부자간 대화가 가능해졌습니다. 아이에게 이것저것 물어봅니다.

"오늘 아빠 안 보고 싶었어? 바깥나들이는 어디로 갔어? 간식은 뭐였어? 낮잠은 잤어? 뭐 하고 놀았어?"

어째서인지 아이가 "모르겠다"는 대답만 합니다. 그러더니 갑자기 질문을 던집니다.

"아빠, 그림 챙겨왔어?"

동공 지진. "그림"이라는 단어를 듣는 순간 아차 싶었습니다. 약속을 지키지 못한 미안함보다 졸린 아이의 투정을 피해야겠다는 생각이 먼저 들었습니다. 나 역시 몸과 마음이 지친 상태였기 때문에, 당장 아이가 울고 떼를 쓰면 적절한 표정과 말투로 아이의 마음을 헤아리며 달래주지 못할 것 같았습니다. 어쩌면 되레 내가 화를 낼지도 모릅니다. 대답을 잘해야 하는 상황입니다. 대체 뭐라고 말해야 할지 머릿속이 복잡해집니다.

'지금은 울리면 안 돼! 집에서 다시 그리자고 할까? 싫다고 울 게 뻔해. 어린이집으로 그림 가지러 가자고 할까? 아냐, 빨리 집에 가야 해. 그냥 미안하다고 할까? 어쩌지?'

그림을 안 챙겼으니 그냥 집으로 가자는 일방적인

대답은 '떼쓰기 일발 장전'한 다섯 살 아이가 받아들일 만한 내용이 아니었습니다. 오히려 '떼쓰기 방아쇠'를 당기고 말 것입니다. 분주한 생각의 장막을 아이가 다시 뚫고 들어옵니다.

"아빠! 그림 챙겨왔어?!"

차는 삼거리 빨강 신호등 앞에서 멈췄습니다. 이럴 땐 설득보다 납득이 필요한 법. 아이 스스로 만들어낸 답이라면 어렵지 않게 납득될 것이라는 생각이었습니다. '아이가 울 때 내가 답을 제시하며 달래 주었듯, 내가 울면 아이도 그렇게 해주지 않을까?' 하는 결론에 다다르자 나는 큰 소리로 우는 척 했습니다. 누가 봐도 거짓 울음인 걸 알 만큼 어설프게 울었습니다. 아이가 심각하게 받아들이면 곤란하니까요.

"엉엉. 어떡해. 그림을 놔두고 왔어. 엄마한테 보여줘야 하는데…. 수현이랑 약속했는데…. 어떡해.

엉엉."

아이는 이것이 장난임을 바로 눈치챘습니다. 새로운 놀이를 포착했을 때 특유의 장난스러운 표정을 짓고는, 어른을 흉내 내는 듯한 말투로 나를 달래었습니다.

"괜찮아, 그럴 수도 있지. 내일 챙기면 돼. 어린이집
에 잘 있으니까."
"엄마한테는 어떻게 보여줘? 엉엉."
"내일 보여주면 되지."
"정말 괜찮겠어? 엉엉."
"괜찮아."
"(울음 뚝)그러면 되겠네! 그럼 집으로 바로 간다."

낚시 성공. 아이는 이미 답을 알고 있었군요. 아이 스스로 답을 찾고 표현하도록 이끄는 이른바 '낚시 육아법'이 창시된 순간이었습니다. 우선 아이를 울리지 않고 일촉즉발의 위기를 넘겼다는 안도감이 들었습니

다. 우려하던 나의 수고는 증발했습니다. 앞으로는 우는 척 대신 다른 방법도 개발해봐야겠습니다.

무엇보다 놀라운 사실은 "괜찮아, 그럴 수도 있지"라는 내 평소 말버릇이 아이의 마음 안에 자리를 잡고 있다가 꽤 적절한 타이밍에 나왔다는 것입니다. "아이는 아빠의 거울"이라고 했던가요? 아이는 뭔가를 엎질러 쏟거나 물건을 망가뜨리는 등 사소하지만 번거로운 실수를 종종 일으킵니다. 평소 그럴 때 "대체 왜 그랬어?" "이제 어떡할 거야!?"라며 사건의 전말을 파헤치거나, 추궁하듯 아이를 혼냈더라면 이번 낚시는 대실패로 돌아가고 말았을 것입니다.

기분이 좋았습니다. 과장을 보태자면, 예상 밖의 상황에서 "그럴 수도 있지"라고 대처할 수 있는 여유를 아이 마음속에 심어 준 것 같아 뿌듯했습니다. 이대로 더 나아가 타인의 허물이나 자신의 흠에도 "괜찮다"라고 말할 수 있는 넉넉한 사람으로 자라나면 좋겠습니다. 그런 의미에서 아이가 답을 찾도록 판을 깔아주는 낚시가 당분간 계속될 것입니다.

낚시 육아법은 아이 마음속에 적절한 언어가 차곡차곡 쌓여야 제대로 작동합니다. 결국 그것은 양육자인 나 자신의 언어를 평소에 잘 가꾸어야 한다는 것을 전제로 하는군요. 오늘은 좋았지만 또 모르죠. 언젠가 아이에게서 서운한 말이 되돌아올지 모른다고 생각하니 괜히 조심스러워집니다.

지금, 이 순간이 좋아

2019년의 마지막 퇴근, 어린이집으로 함께 가기 위해서 아내를 만났습니다. 아빠와 엄마가 어린이집에 함께 온 것이 아이에게 하나의 작은 선물이 되었으면 했기 때문이죠.

우리 셋은 집이 아닌 횟집으로 향했습니다. 그냥 집으로 돌아가기에는 아쉬운 마음이 들었기 때문입니다. 한 해를 마무리 하는 날인 만큼 식사 메뉴는 우리 자신에게 주는 선물의 의미로 무척 신중히 골랐습니다. 아내는 멍게, 아이는 날치 알밥, 나는 광어회를 주문했습니다.

사실 우리는 매일 밤, 불을 끄고 누워 그날 하루에 관한 이야기를 나눕니다. 좋았던 일, 속상했던 일, 내일 하고 싶은 일에 대해 각자 편안하게 말하는 시간을 가집니다. 하루를 매듭짓기 위한 대화입니다. 아이는 좋은 일이 하나도 없었다고 말하는 날이 있는가 하면, "지금, 이 순간이 좋아"라는 놀라운 말을 하기도 합니다. 어느 날엔, 아침에 엄마가 자신에게 화를 내어 속상했고, 앞으로는 화를 안 내면 좋겠다고 말하기도 합니다. 서로 좋았던 것을 말하면 하루가 미소로 끝나고, 속상했던 것을 말하면 마음의 독소가 가습기 수증기처럼 날아가는 것 같습니다. 아이가 자기 생각과 기분을 말로 표현하는 것을 보며 이러한 '대화 의식'을 시작하길 무척 잘했다는 생각이 듭니다.

오늘의 대화 의식은 횟집에 앉아 하루가 아닌 지난 일 년에 대한 이야기를 나눈 셈입니다. 올 해 기억에 남는 일, 아쉬웠던 일, 내년에 하고 싶은 일에 대해서 우리는 순서 없이 말을 꺼냈습니다. 그러다 1월 1일인 내일부터는 아이가 여섯 살이라는 사실이 떠올랐습니다. '세상에! 벌써 여섯 살이라고? 아이가 또 한 살을 먹다니.' 기쁨보다 아쉬움이 더 크게 느껴졌습니다. 왜 이토록 아쉬울까요. 아이는 분명히 내년에도 올해처럼 빛나는 시간을 보낼 텐데 말입니다.

아이의 말을 듣고 싶었습니다. '새해란 당연히 기대되는 것'이라고 받아들이면 좋겠다는 의도를 담아 아이에게 질문했습니다. 한창 날치 알밥 먹는 데 집중하고 있는 아이로부터 성실한 대답을 끌어내기 위해, 최대한 부드럽고 다정한 목소리로 말을 꺼냈습니다.

"수현아, 한 살 더 먹으면 어떤 것이 좋을 것 같아?"
"몰라."

아이의 대답이 너무 단호해서 나는 그만 웃음을 빵 터뜨렸습니다. 질문이 잘못된 것 같아 다시 물었습니다.

"여섯 살이 되었을 때 어떤 일이 일어나면 좋을까?"
"나무 블록을 잘 쌓게 되면 좋겠어."

그밖에 원하는 것이 더 있는지 묻자, 아이가 바라

는 것은 그게 전부라고 합니다. 똑같은 질문을 아내에게도 했습니다. "아이가 그저 튼튼하기만 했으면 좋겠어"라는 짧은 대답이 돌아왔습니다. "나도 같아"라고 말을 거들었습니다.

기왕 새해 바람을 말하는 김에 작은 욕심을 하나 부리고 싶습니다. 여섯 살이 된 아이의 삶에 즐거운 일이 가득해서 이십 분마다 깔깔 웃었으면 좋겠습니다. 친구와 다투어 울거나 속상한 일도 겪겠고, 어린이집에 늦게 오는 아빠를 기다리느라 시무룩해지는 저녁도 분명히 있을 것입니다. 그런데도 매일 밤 대화에서 "아빠, 오늘은 속상한 일이 있었지만 좋은 일이 더 많았어"라고 말할 수 있는 멋진 여섯 살이 되면 좋겠습니다. 크리스마스 캐럴 〈울면 안 돼〉를 듣다가 "슬프면 울 수도 있지, 왜 안 된다는 거야?"라고 따질 정도로 아이 말이 늘었기 때문에 이 정도는 기대해볼 만한 것 같습니다. 새해 바람이 소박한 우리 세 사람은 각자의 입맛대로 음식을 실컷 먹은 후 집으로 향했습니다.

차에서 내린 아이가 추위에 살짝 떨고 있습니다.

"손 시려?"

"아니 몸 시려."

"그래, 얼른 집에 가자."

서둘러 집으로 들어가기 위해 아이를 품에 안아 듭니다. 전보다 확실히 무거워졌습니다. 다섯 살 아이와 하는 마지막 포옹이 되겠군요. 괜히 또 아쉽습니다. 걸음을 재촉하며 아이를 더욱 꽉 껴안습니다.

"여섯 살이 되는 걸 축하해. 우리 내년에도 많이 안자."

내 마음이 가벼워집니다. 이제야 비로소 새해를 맞이할 준비가 끝난 것 같습니다. 오늘 밤엔 아이와 함께 일찍 자야겠습니다.

방귀의 추억

아내가 바빠서 오늘도 '독박 육아'입니다. 이런 날엔 아이를 일찍 재워야 합니다. 재우는 타이밍을 넘겼다가 아내의 현관문 비밀번호 누르는 소리에 어설프게 잠들었던 아이가 깨어난 게 한두 번이 아니기 때문입니다.

   아이에게 따뜻한 저녁을 먹이고, 더운물에 몸을 녹인 후 푹 재울 계획을 세웁니다. 욕조에 콸콸 쏟아지는 물을 받으며 아이를 부릅니다. 여러 번 불러도 아이는 장난감 놀이에 빠져있을 뿐 아무 반응이 없습니다. 익숙합니다. 아이는 귀를 닫을 수 있는 능력이 있는 게 분명합니다. 관심 없는 말에는 미동도 없지만 어쩌다 아이스크림을 먹자고 하면 반사적으로 고개를 휙 돌리는 걸 보면 말이죠.

씻자는 말에 아이는 가까이 오려 하지 않습니다. 옷도 호락호락 벗지 않습니다. 놀이를 만들어내야 할 시점입니다. 나는 수선을 떨며 아이를 다급히 부릅니다.

"캣보이 도와주세요! 옷이 안 벗겨져요!"

아이는 "문제없어!"라며 쪼르르 달려와 내 셔츠를 벗겨줍니다. 아이가 요즘 〈캣보이〉라는 만화 영웅에 빠져있기 때문에 가능한 작전입니다.

"역시 캣보이야. 보답의 의미로 네 옷 벗는 것도 도와줄게!"

그렇게 '서로 옷 벗겨주기 놀이'가 시작되었습니다. 억지로 벗기는 것보다 수월할 줄 알았는데, 괜히 번거롭고 몸이 고됩니다. 그냥 벗길 걸 후회됩니다.

겨우 알몸이 된 우리 부자는 함께 욕실로 들어갑니다. 그런데 아이의 장난기가 또 발동합니다. 자신을 잡으로 쫓아오라는 듯 갑자기 욕실을 벗어나 거실 끝으로 도망칩니다. 별수 없이 아이를 붙잡으러 갑니다. 붙잡힌 아이가 품속에서 깔깔 웃으면서 얼마나 파닥파닥하는지, 그 생동력이 대형 활어와 같습니다. 아이를 번쩍 들어 욕실로 데려올 수 있지만 좋은 방법이 아닙니다. 그렇게 억지로 데려와 봤자 몇 초 만에 다시 욕실 밖으로 뛰쳐나가기 때문이죠. 그럴수록 일찍 재우고 싶다는 생각이 더 간절해집니다. 그러려면 이 귀여운 활어를 얼른 낚아서 씻겨야 합니다.

"분무기로 공룡 쓰러뜨리기 할래? 물속에서 블록 놀이 할래?"

아이가 좋아할 만한 것들을 제안해봐도, 아이는 이미 다른 장난감 놀이에 빠져 아무 반응을 보이지 않습니다. 그러다 번쩍, 아이의 주의를 끌 묘안이 떠올랐습니다.

"수현아! 엉덩이에서 나오는 따뜻한 바람 한번 맞아볼래?
"아니 뭐라고?!"

아이는 "아이스크림 먹자"라는 말을 들었을 때처럼 큰 관심을 보입니다. 장난기와 기대에 가득 찬 표정으로 욕실로 달려 들어옵니다. 아이의 호기심에 제대로 적중했습니다. 알몸의 부자가 드디어 만났습니다. 아이는 엉덩이 앞으로 왔습니다. 딱 아이의 얼굴 높이로군요.

"아빠, 바람 언제 나와?"
"가까이 와서 버튼을 눌러야지."

아이가 엉덩이 앞에 가까이 다가와 마주 섰습니다. 나는 엄지손가락을 내밀며 말했습니다.

"이게 버튼이야."

아이가 엄지 버튼을 꾹 누르자 기다리던 따뜻한 바람이 발사되었습니다.

"뿌웅―"
"으악! 지독해!"

아이는 조그만 손바닥을 세로로 세워 코와 입을 막았습니다.

"냄새나는 바람이라고 아빠가 미리 말을 못 했구나."
"깔깔깔. 아빠 또 해봐! 또 해봐!"
"바로는 안돼. 충전해야 하거든."
"충전이 뭐야?"
"뱃속에 바람이 채워지기를 기다려야 한다는 뜻이야. 씻으면서 기다리자."
"응!"

아이가 이토록 좋아할 줄은 몰랐습니다. 그제야 우리는 목욕을 시작할 수 있었습니다. '면도 거품으로 그림 그리기'라는 새로운 놀이를 발명한 나머지, 시간 가는 줄 모르고 놀았습니다. 당연하게도 목욕은 늦게 끝나고 말았습니다. 그래도 나쁘지는 않았습니다. 일하고 돌아온 엄마를 반갑게 맞이하는 데는 성공했기 때문입니다.

갓 여섯 살이 된 아이로서는 어지간해선 스스로 하지 않는 활동들이 있습니다. 양치질과 머리 감기, 제자리에서 밥 먹기와 같은 기본적인 생활습관에 관한 것입니다. 아이 스스로 하기만 하염없이 기다릴 수 없을 때가 많습니다. 그렇다고 아이의 의지와 무관하게 억지로 시키면 서로 기분이 상하고야 맙니다. 그래서 나는 일상에서 늘 반복되는 일을 아이가 즐거운 마음으로 할 수 있도록 새로운 레퍼토리를 개발합니다. 아이가 스스로 어떤 행동을 해주길 바라며 상황을 꾸밉니다. 아이디어를 떠올리고 아이의 호기심을 일으켜 행동을 유도합니다. 아이의 행동에 적당하거나 과장된 반응으로 지지하고 함께 웃습니다. 우는 아이를 억지로 씻기는 것보다 웃는 아이와 함께 씻는 쪽이 백번 나으니까요.

아이는 언제쯤 스스로 씻게 될까요? 그때까지 얼마나 더 많은 낚시를 해야 할까요? 잘 가늠이 되지 않지만 상관없습니다. 단지 아빠와 함께한 '방귀의 추억'이 아이 마음속 어딘가에 자리 잡았으면 좋겠습니다.

코로나 블루를 극복하는 완벽한 방법

출근길에 지나가는 약국마다 공적 마스크 구매 행렬이 보입니다. 코로나19가 만든 아침 풍경입니다. 어린이집 등원이 또 미뤄졌다는 뉴스가 나왔습니다. 어린이집 앱에서도 같은 소식을 알려옵니다. 4월 개학이라니요. 이해하지만 한숨이 나오는 건 어쩔 수 없었습니다. SNS에서 엄마 아빠들의 소리 없는 비명이 들립니다. 코로나19가 밉습니다.

내가 직장에 있는 동안 온종일 아이와 함께 집에 있는 아내에게 전화합니다. 지친 목소리입니다. 코로나19 때문에 일이 끊겨 소득이 없는 데다, 집에서 육아를 전담하니 더 지칠 수밖에요. 똑같은 상황이었다면 나는 훨씬 우울하고 힘들어했을 것입니다. 괜히 신경이 쓰여 전화를 걸어보지만, 그렇다고 딱히 도움 줄 것이 없으니 "뭐 하고 있냐" "괜찮냐"라는 말만 건넵니다. "코로나 블루(코로나19와 우울감의 합성어)"라는 말이 먼 일이 아니라 바로 나의 일이 됐습니다. 아내에게는 하루하루가 일주일처럼 느껴졌을 것 같습니다. 아내에게는 혼자만의 시간이 필요하고, 아이에게는 바깥 놀이가 필요한 시점입니다.

코로나19가 진정되어 어린이집으로 정상 등원하는 날까지 나에게는 '아이와 즐겁게 노는 것'이 중요한 과업이 되었습니다. 퇴근 후 집에 도착할 때까지 날이 계속 밝아있기를 바랐습니다. 열심히 자전거 페달을 밟아 집으로 향합니다.

밥 먹고 밖에 놀러 나가자는 말에 아이의 표정이 밝아집니다. 나설 채비를 마치니 이미 하늘은 어두워져 있습니다. 일부러 큰길을 세 번이나 건너야 하는 먼 공원으로 향했습니다. 먼 곳에서 오래 놀수록 아이는 오늘 밤 푹 잠들고, 아내에게는 혼자 쉴 수 있는 시간이 늘기 때문입니다.

비록 날이 어두워졌지만 오랜만에 외출한 아이는

신났습니다. 밸런스 바이크(페달 없는 유아용 자전거)를 타고 인적 드문 길을 박차며 쌩쌩 달립니다. 집에만 있느라 체력이 넘치는 아이에게 "열심히 달려! 그래야 푹 잠들지!"라고 목적 담긴 응원을 합니다. 공원에는 반려견과 함께 나오거나 밤 운동을 나온 사람들 몇 명뿐이라 다행히 코로나19 감염은 걱정하지 않아도 될 것 같습니다. 가로등이 별로 없어 캄캄하고 인적 드문 공원에서 아이는 자전거를 자유롭게 타고, 나는 운동 삼아 아이 곁을 달렸습니다. 화단에 쳐진 밧줄에 걸리거나 비탈길로 빠지지 않도록 아이에게 주의를 시키면서요.

체력이 바닥난 우리는 다른 놀이에 접어듭니다. 아이는 손전등을 달라고 하더니 바닥에 엎드려 '맨홀 구멍 탐사'를 시작합니다. 맨홀 뚜껑마다 손전등을 들이대고 관찰하면서 생중계를 합니다. "꿀벌이 있네, 거미줄이 있네, 나뭇잎 한 번 넣어보겠네, 여긴 아무것도 없네, 너무 더럽네" 하면서요.

"아빠도 한번 봐봐!"

아빠를 부르는 말에 덩달아 아이 옆에 엎드려 구멍을 들여다보게 되었습니다. 어떻게 놀아야 할지 알려주지 않아도 스스로 놀이를 만들고, 아빠에게 참여를 권하는 모습이 무척 귀엽고 대견해 보입니다. 과학자가 꿈이라는 아이의 호기심이 언제까지나 생생하게 살아있기를 바랍니다.

바닥에 엎드려 한참 놀다 보니 문득 이 넓은 공간에 우리만 있다는 것을 알아챘습니다. 우리는 마스크를 벗었습니다. 시원한 공기는 해방감 그 자체였습니다. 아이가 맨홀 구멍을 들여다보기 위해 안방처럼 길바닥에 누워 뒹굴어도 괜찮습니다. "사회적 거리 두기"를 하느라 종일 집에 매여 있었던 시간에 대한 보상이 아이에게도 필요했으니까요.

코로나19 시국이 길어지면서 몸과 마음이 지쳐가던 차였습니다. 전문가들이 말하는 것처럼 사람과 거리를 둘 수 있는 야외에서 신체활동으로 기분전환을 하고 싶었습니다. 낮에는 어렵지만, 밤이라면 가능하다는 것을 알게 된 우리는 맨홀 탐사 이후로 밤이면 종종 나가 잠깐의 해방감을 느끼고 돌아옵니다. 먼 공원까지 갈 필요가 없었습니다. 동네 놀이터에도 사람이 없어 편하게 놀 수 있기 때문입니다. 코로나19가 오기 전에는 놀이터에 가도 아이와 함께 놀 친구 하나 없는 것이 안쓰러워 괜히 나까지 적적해지곤 했었습니다. 이제는 아무도 없는 놀이터가 어찌나 반가운지요. 나와 함께 놀 수 있을 정도로 자란 아이와 더 열심히, 지치도록 놉니다.

밤마실을 나갈 때마다 텅 빈 놀이터에서 우리는 갖가지 새로운 놀이를 합니다. 각자 다른 미끄럼틀에서 출발하는 달리기 시합, 술래잡기, 철봉 매달리기, 그네 함께 타기, 긴 나뭇가지로 텐트 만들기 등 놀거리는 가득했습니다. 숨차고 땀 나도록 술래잡기를 하는 동안 내 안에 쌓인 스트레스까지 사라졌습니다. 우리끼리만 밤에 뛰어노는 게 이렇게 즐거울 수 있다는 사실이 새삼스러웠습니다.

아이가 자라서 나중에 코로나19에 관해 묻는 날이 온다면 이렇게 말해주고 싶습니다. 집안 살림이 위축되고, 어린이집도 가지 못하고, 외출도 마음껏 못 하는 힘든 시기였지만, 평소와 다른 활동으로 소소한 즐거움을 발견하고 틈틈이 잘 놀았다고요. 우리는 어려움을 겪는 중에도 즐거운 시간을 만들어 낸 사람들이라고요.

낮에는 엄마와 집에 있고, 밤에는 아빠와 나가는 요즘 생활에 대해 아이는 어떻게 생각하고 있을지 궁금해집니다. 내일 한번 물어봐야겠습니다. "몰라" 하고 짧게 대답할 것 같지만요.

아직 쌀쌀한 봄밤에 실컷 놀고 온 우리는 단잠에 들었습니다.

버릴 것 없는 삶

오늘은 모처럼 일하러 간 아내 대신 아이를 어린이집에서 하원 시키는 날이기 때문에 퇴근을 서둘렀습니다.

"여기요!"

미리 불러 둔 콜택시가 퇴근 시간에 맞춰 사무실 앞에 도착했습니다. 다른 부모들이 함께 기다려주는 공동육아 어린이집에 계속 다녔더라면 이토록 급히 갈 필요가 없었겠지만 어쩌다 다시 일반 어린이집으로 옮긴 상태입니다. 저녁까지 지치도록 아빠를 기다리고 있을 아이를 생각하면 작은 중고차라도 한 대 마련하고 싶은 심정입니다. 아이에게는 여섯 시 반까지 간다고 말했는데 운 좋게도 훨씬 일찍 도착했습니다.

시간을 벌어 기쁜 마음으로 어린이집 초인종을 눌렀습니다. 아이는 선생님의 손을 잡고 천천히 현관으로 걸어 나옵니다. 얼굴이 마스크에 덮여 눈밖에 보이지 않지만, 아이의 표정은 이미 기다림에 축 시들어 있습니다. 나는 현관에 쪼그려 앉아 양손을 들고서 가슴에 안기라는 몸짓을 크게 합니다. 그제야 아이는 환한 표정으로 달려와 폴짝 품에 안깁니다.

"수현아, 오늘 재미있었어?"
"몰라."
"아빠 많이 기다렸어?"
"엄청."
"엄청?"
"어, 엄청!"

다섯 칸짜리 계단 위에서 뛰어내리는 신난 아이를 공중에서 붙들어 안고 어린이집 울타리 밖으로 나왔습니다. 택시를 또 타기에는 돈이 아깝고 버스를 타기에는 코로나19가 불안합니다. 지도를 보니 집까지의 거리가 2.5킬로미터로, 어른 걸음으로는 삼십 분 정도 되는 거리입니다. 공기가 맑고 바람도 선선하여 걷기에 딱 좋은 날씨였습니다. 아이에게 걸어갈까 물으니 흔쾌히 좋다고 합니다. 하지만 아니나 다를까 두세 걸음 걷고서는 업어달라고 합니다. 웃음이 납니다. 아빠를 오랫동안 기다린 것 치고는 귀여운 어리광입니다. 아이를 등에 업고서 굽이굽이 골목을 벗어납니다.

큰길가로 나가자마자 아이는 "아빠, 호떡 사줘!"라고 외치며 등에서 주르륵 흘러내려 착지합니다. 호떡 아저씨는 아이의 귀여움에 웃음을 감추지 못하며 "아빠 돈 없어"라고 한마디 거듭니다. 반사적으로 "아저씨, 어떻게 아셨어요?"라고 농담을 받아칠 뻔했습니다. 아저씨에게 호떡 한 개를 절반으로 나누어 달라고 부탁하는 사이, 아이는 이미 포장마차 속에 뛰어 들어가 호떡을 뚫어지게 쳐다보며 기다립니다.

호떡을 받아든 아이의 표정이 싱글벙글합니다. 아이는 호떡을 먹어서 좋고, 나는 아이가 즐거워하는 모습을 보아서 좋았습니다. 또 아이를 업지 않아서 좋았고요. 우리는 천원으로 윈윈win-win했습니다.

우리는 각자 반달 같은 호떡을 들고 다시 길을 나섰습니다. 지도 앱을 함께 보며 초행길을 더듬더듬 찾아갔습니다. 우리는 놀면서 걷느라 속도가 더 느려졌습니다. 그러다 등이 조금 굽은 할머니와 나란히 걷게 되었습니다. 할머니는 "아이가 참 귀엽네" "나도 아이 다섯 명 키울 때가 좋았었는데" 하면서 잘 들리지 않는 마스크 발음으로 혼잣말하듯 말을 걸어왔습니다. 할머니가 몇 걸음마다 짐을 내려놓고 쉬는 것이 자꾸 눈에 밟혔습니다. 아이에게 물었습니다.

"우리, 할머니 도와드릴까?"
"응!"

할머니는 "사는 동안 고생도 많이 했지만 내가 오늘은 복도 참 많다"라며 선뜻 짐을 건네주었습니다. 그리고는 거듭해서 고맙다고 말했습니다. 짐은 의외로 가벼웠습니다. 헤어질 때쯤엔 왼손, 오른손 번갈아 들어야 할 만큼 무거워지긴 했지만요. 누군가를 돕는 일에 아이를 참여시켜도 좋겠다는 마음이 들었습니다. 아이에게 짐을 들어보겠냐고 물으니, 해보겠다고 씩씩하게 말합니다. 그리고는 양손으로 짐을 들고선 끙끙대며 휘청휘청 걷습니다.

함께 걷는 동안 할머니는 기분이 좋으셨는지 개인사, 가족사를 계속 들려주었습니다. 맞장구를 치긴 했지만 사실 잘 알아듣기 어려웠습니다. 헤어지는 갈림길에서 할머니는 아이의 건강과 행복을 기원하는 인사를 해주었습니다. 그 순간은 마치 작은 선물을 주고받은 것 같았습니다.

아이에게 할머니를 도와준 소감이 어떤지 물었더니 "기분이 좋아"라고 대답합니다. 앞으로도 누굴 도와주고 싶다고 말합니다. 만화영화를 볼 때 항상 악당 편인 아이가 이런 말을 하니 어쩐지 아빠로서 교육적인 경험을 시켜 준 것만 같습니다.

아이는 다리가 아프다며 다시 업혔습니다. 우린 횡

단보도 앞에 섭니다. 아이가 손을 뻗어 신호등 기둥에 부착된 "시각장애인용 음향신호기" 버튼을 자꾸 누르려고 합니다. 장난치는 버튼이 아니라는 말과 함께 용도를 설명해주었습니다. 하지만 아이는 꼭 눌러보고 싶다고 졸랐습니다.

"이번 딱 한 번만이야."
"또로로롱―녹색불이 켜졌습니다. 건너가도 좋습니다."

음성신호를 들으며 길을 건넜습니다. 횡단보도 건너편 너머, 먼 하늘의 노을이 무척 아름다웠습니다. 등에 업힌 아이와 함께 노을을 보며 '색깔 찾기 놀이'를 했습니다. 살구색, 핑크색, 노란색…. 그러다 잠시 침묵하던 아이가 묻습니다.

"아빠, 세상에 눈이 안 보이는 사람이 많아?"
"응, 많아. 아빠 아는 사람 중에도 있어. 태어날 때부터 안 보이거나, 아프거나, 다치거나 해서. 눈이 안 보이면 저런 예쁜 하늘도 못 보고 엄청 불편할 것 같지 않아? 하지만 눈이 보이지 않더라도 다양한 방법으로 세상을 보면서 잘 살아가는 사람들도 많다는 걸 아는 게 중요해. 너 그대로 잠깐 눈 감아 볼래?"

"눈 감고 있으니 무서워."

"눈이 얼마나 소중한지 알겠지? 그럼 아빠는 얼마나 소중해?"

"아빠는 싫은데?"

피식, 실소가 나왔습니다.

어린이집에서 출발한 지 한 시간, 드디어 집에 도착했습니다. 도중에 호떡을 바닥에 떨어뜨려 울고, 술래잡기하다 넘어져 우는 아이를 어르고 달래느라 더 오래 걸렸네요. 이래저래 절반은 업혀 온 아이가 "집이 왜 이렇게 멀리 있어?"라고 말합니다. 멀리까지 온 것에 대해 스스로 감탄한 듯 뿌듯한 표정을 지으면서요.

오늘의 멀고 먼 하원길은 호떡집이 있는 푸드코트이자, 술래잡기를 할 수 있는 놀이터였고, 걷기 운동을 하는 체육관이었습니다. 지도를 보며 새로운 길 찾기도 해보고, 낯선 이에게 도움을 주는 경험도 하고, 시각장애인에 대해서도 생각해보고, 아름다운 석양도 감상할 수 있었으니 제법 특별한 여정이었습니다. 한 시간 동안의 도보 여행이라고 해도 좋겠습니다. 자가용이나 택시, 버스를 탔더라면 이런 경험은커녕 그저 집에 도착할 생각만 했을지도 모를 일입니다. 이곳에서 저곳으로 옮겨가는 단순한 이동 역시 버릴 것 없는 삶의 중요한 일부라는 사실을, 가장 느리지만 가장 풍성했던 하원길에 깨닫습니다.

아빠랑 노는 게 좋아

어느 봄날 저녁, 아이와 함께 바람을 쐬러 나선 길이었습니다.

"아빠, 정말 안 돼? 한 번만 주워가자! 로봇 만들고 싶단 말이야!
"수현아, 우리 집에 둘 곳이 없어. 그냥 가자."

아이는 집 앞에 버려진 스피커를 주워가자고 합니다. 안 된다고 잘라 말했습니다. 늘 어질러진 상태의 좁은 집에 더는 물건을 들이고 싶지 않은 데다, 주울 때는 공짜라도 버릴 때는 돈을 내고 버려야 하기 때문입니다. 예상대로 아이는 굽히지 않았습니다. 무슨 생각인지 아이에게 물어봤습니다.

"여기 팔 붙이고, 여기 다리 붙이고 하면 로봇이 될 거야."

과학자가 꿈이라고 말하는 아이가 상상을 현실로 만들고 싶어 하는데 아빠가 그걸 두 번 말릴 순 없었습니다. 기왕 줍는 김에 스피커 하나가 아닌 함께 버려져 있던 앰프와 우퍼 등 오디오 세트 전부를 챙겼습니다. 한 아름 안아 드니 꽤 무거웠습니다. "아빠 정말 최고야!"라고 말하며 봄 햇살처럼 밝아진 아이 얼굴을 보니 좋았습니다. 그때, 멀리서 아내가 어째서 쓰레기를 주워오냐며 우릴 말렸습니다. 방금 전까지만 해도 로봇 만들 생각에 풍선처럼 한껏 부풀었던 아이의 마음이 팡 터지고 말았습니다. 길 한복판에서 아이는 눈물을 뚝뚝 흘리며 서럽게 울었습니다. 아이의 갑작스러운 눈물에 아내는 "이게 뭐라고, 그렇게 울 일인가?" 실소하며 '쓰레기 주워오는 것'을 승낙했습니다. 나중에야 안 사실이지만 아이는 낮에 이미, 스피커를 주워오고 싶다고 한 차례 아내를 졸랐다고 합니다. 절대 안 된다고 한 엄마와는 달리 오히려 한술 더 떠 오디오 세트 전체를 주워가자고 한 아빠가 얼마나 반가웠을까요.

물건 줍는 것이 처음은 아닙니다. 사실 물건 줍는 일에 익숙합니다. 7년 전쯤 신혼 생활을 시작할 때가 생각납니다. 선물 받은 냉장고 외에는 특별히 혼수를 장만하지 않았습니다. 새것이나 다름없는 가구와 가전 대부분을 하나씩 줍거나 얻어서 마련했습니다. 집을 채우고 있는 괜찮은 물건들이 이곳까지 오게 된 사연을 손님들에게 들려주는 것이 재미있었습니다. 그랬던 시절을 지나 지금, 과학자가 꿈인 아이를 키우는 데 이런 물건 하나 주워오는 것이 무슨 대단한 일이겠습니까.

드라이버와 펜치 등 대수롭지 않은 공구를 있는 대로 사용해서 오디오를 낑낑 뜯어내는 나에게 아이가 말했습니다.

"우와! 아빠 과학 잘한다!"

"아빠 멋져?"

"응, 나도 과학 잘하고 싶다."

아이는 간식을 앞에 둔 것처럼 군침 도는 표정을 짓습니다. '어른의 공구'인 전동 드라이버의 재미를 처음 맛본 아이는 오디오 속 모든 나사를 직접 풀겠다고 나섰습니다. 여섯 살 아이의 꿈이 과학자인 것은 흔한 일입니다만, 최근에 본 〈로보트 태권브이〉의 악당 과학자 카프 박사를 롤모델로 하는 점은 독특해 보입니다. 카프 박사처럼 지구를 정복하는 로봇을 만들고 싶은 마음이 이런 호기심과 열정을 불러일으켰을까요. 아무튼, 악당 흉내 내는 아이를 보며 고개를 갸우뚱하다가도 로봇을 만들고 싶어 하는 모습에 기특함을 느낍니다.

"기계 판이다! 태엽이다! 스위치다!"

아이는 아는 단어들을 총동원하여 감탄했습니다.

오디오 속에서 뜯어낸 부품이 제법 많아졌습니다. 아이가 로봇으로 만들 부품을 골랐습니다. 나는 아이가 주문하는 대로 머리와 몸통, 팔과 다리를 붙여주었습니다. 아이는 그렇게 완성된 로봇에게 "농사짓는 로봇"이라고 이름을 붙였습니다. 지구를 정복하겠다는 초심을 잃었나 봅니다. 문득 내 어릴 적 꿈 역시 로봇 과학자였다는 까마득한 기억이 떠올랐습니다. 아이의 상상에서 시작된 로봇 만들기는 어느새 나의 놀이가 되어있었습니다. 부자가 얼마나 집중을 했는지 자야 할 시간인 열 시를 훌쩍 넘겼습니다. 아이를 제시간에 재우고 싶었던 아내의 눈이 '도끼눈'이 되었습니다.

다음 날, 아이는 나의 퇴근을 기다렸습니다. 우리는 저녁마다 머리를 맞대고 로봇을 만들었습니다. 아이가 그 시간을 즐거워합니다. 나는 그 틈을 타 유도심문을 해봅니다.

"장난감 잘 사주는 아빠가 좋아? 같이 노는 아빠가 좋아?"

"같이 노는 아빠."

"마트 장난감이 좋아, 아빠랑 만드는 장난감이 좋아?"

"아빠랑 만드는 장난감."

아이가 "장난감 잘 사주는 아빠" "마트 장난감"이라고 대답할 줄 알았습니다. 조금 의외였습니다. 흐뭇했습니다. 하지만 이런 훈훈한 나날은 오래가지 못했습니다. 날카로운 부품이 바닥에 굴러다녔는지 장판 바닥에 못 보던 흠집이 잔뜩 생긴 것입니다. "장판 찍히면 안 돼! 이거 우리 집 아니란 말이야"라는 아내의 호통에 "카펫을 깔고 놀았는데 이상하네. 왜 이렇지?"라는 변명은 통하지 않았습니다. 장판이 더 찍히기 전에 어쩔 수 없이 폐기물 스티커를 붙여서 오디오를 버렸습니다. 이렇게 우리의 열정적인 로봇 제작은 나흘 만에 막을 내렸습니다.

로봇을 만든 다음부터 아이는 길에서 뭔가를 계속 주우려 합니다. 버려진 과일 씨앗을 심어보겠다고 주워오거나, 고장 난 장난감이나 나무토막, 플라스틱 조각도 장난감 재료라고 주워옵니다. 본래 용도를 다한 물건을 보며 자신만의 상상을 하는 아이가 대견합니다. '줍줍맨 아빠' 밑에 '줍줍맨 꿈나무'가 자라고 있습니다. 부전자전입니다.

줍줍맨 꿈나무는 다음 주말 아침에 눈을 뜨자마자 장난감을 만들어 달라고 합니다. 이번에는 "캡틴 아메리카 방패"입니다. 더 자고 싶었지만 아이와의 즐거운 시간을 위해 재활용 분리수거장으로 향했습니다. 방패로 만들 만한 두꺼운 종이상자를 찾았습니다. 아이가 원하는 것을 어설프게나마 만들어 줄 수 있다는 사실에 감사했습니다. 언젠가는 아이가 '제대로 된 것'을 원하는 날이 분명히 올 테니까요.

지금, 아이 눈에 아빠는 뭐든지 뚝딱 만들 줄 아는 척척박사처럼 보이겠죠. 아이는 그리 대단하지 않은 것을 바라고, 아빠는 그것을 해줄 수 있는 시절을 충분히 즐기려고 합니다,

아이의 취향

"먼저 들어가 보겠습니다!"

여섯 시 정각, 퇴근 인사로 사무실의 적막을 깨고 가장 먼저 건물 밖으로 뛰어나왔습니다. 아내와 아이가 회사 밖에서 나를 기다리고 있었기 때문입니다. 사무실 바깥 공기를 맡는 것으로도 몹시 상쾌한데, 숨어 있다가 깜짝 놀라게 하는 아이의 사랑스러움에 나는 기분이 날아갈 듯했습니다. 평소 좋아하던 그림책(곰팡이 인간이 주인공으로 나옴)을 친구들과 같이 읽고 싶어 어린이집에 기증했다고 자랑스럽게 말하는 아이를 힘껏 안아주었습니다. 아내는 아이를 내게 맡기고 일을 하러 갔습니다.

환한 저녁, 우리 둘은 작은 공원에서 소란스러운 시

간을 보냈습니다. 사람들의 퇴근 행렬을 배경으로 우리 둘은 온갖 놀이를 했습니다. 개미와 아기 새 관찰, 무궁화꽃이 피었습니다, 술래잡기, 붉은 보도블록만 밟고 달리기, 가위바위보 하나 빼기, 체육 기구 하나씩 해보기, 제자리 멀리 뛰기 등 할 게 많았습니다.

나는 아이보다 바빴습니다. 아이의 귀엽고 즐거운 순간을 사진과 영상으로 다 남겨야 했으니까요. 아이가 사진을 보여 달라고 합니다. 한 장 한 장 자신의 모습을 보며 좋아합니다. 직접 사진을 찍어보겠다고 해 스마트폰을 건네줬습니다.

나는 평소 아이의 스마트폰 사용에 엄격한 편입니다. 아이가 스마트폰에 의존하지 않고 무료함에 대처하는 과정에서 '잘 노는 힘'이 생길 것이라고 믿기 때문입니다. 다행히 아이는 애초부터 스마트폰을 자신이 만질 수 없는 것으로 받아들였습니다.

그런데 나는 왜 사진 촬영을 하려는 아이에게 예외적으로 스마트폰 사용을 허락하게 되었을까요. 바로 '내가 좋아하는 것을 아이도 좋아했으면 좋겠다'

'내가 가치 있다고 생각하는 것이 아이 삶 속으로 흘러가면 좋겠다'라는 마음 때문입니다. 내가 좋아하는 것, 가치있다고 생각하는 것 중에 하나가 바로 '사진'입니다.

돌이켜보면 사는 동안 기록하지 않아 그대로 잊어버린 기억이 많았습니다. 즐거운 순간을 두 눈에 담고 꼭 기억하려 해도, 사진으로 남기지 않은 장면은 잘 떠오르지 않았습니다. 어쩌다 찍혀 있는 한 두 장의 옛날 사진을 볼 때, 사진 속 순간이 번쩍 떠오르며 아쉬웠습니다. 더 찍어놓을 걸 하고요. 젊은 날의 어머니를 더 많이 찍어둘 걸, 떠나온 고향 동네를 더 많이 찍어둘 걸. 그렇게 쌓인 아쉬움이 많습니다.

아쉬움을 동력으로 찍기 시작한 사진이 어느새 즐거운 습관이 되었습니다. 사진 찍는 자체가 재미있는 데다, 당연하다고 여겨왔던 일상에서 감사함과 소중함을 발견하게 해주기도 합니다. 그날의 사진을 볼 때 하루를 의미 있게 매듭짓는 것 같은 느낌이 들 때도 있습니다. 눈앞에 보이는 장면을 찍지만, 어쩐지 나 자신을 들여다보게 됩니다. 그래서인지 아이도 나처럼 사진을 찍으며 자신만의 재미를 찾으면 좋겠다 싶었습니다.

"차찰찰찰찰찰찰찰찰찰찰각"

아이는 촬영 버튼에서 작은 손가락을 떼지 못하고 수십 장을 연사로 찍었습니다. 확인해보니 자신의 배를 잔뜩 찍어놨습니다. 너무 웃기고 귀엽습니다.

"버튼은 한 번 눌렀다가 바로 떼는 거야."
"알겠어."
"차찰찰찰찰찰각"

이번에는 모든 사진이 아이 손가락에 가려져 있습니다. 아직은 스마트폰 카메라를 사용하기에는 손이 작은 것 같습니다. 아이 손가락을 렌즈 바깥으로 옮겨주며 말했습니다.

"이건 렌즈라고 해. 렌즈는 카메라의 눈이야. 카메라가 뭘 보고 있는지는 화면을 보면 알 수 있어. 수현이가 찍고 싶은 거랑 카메라가 보고 있는 거랑 같다고 생각될 때 버튼을 누르면 돼. 손으로 눈을 가리면 안 보이는 것처럼 렌즈를 가리면 화면이 안 보여."

아이는 설명을 듣더니 장난기가 발동해서 렌즈를 완전히 가린 채로 사진을 찍고, 자랑스럽게 보여줍니다.

"와—아빠, 색깔 정말 예쁘지 않아?"
"예쁘긴 한데… 렌즈를 가리면 이렇게 아무것도 안 찍히는데?"
"난 이렇게 찍는 게 좋아. 차찰찰찰칵"

아이 말처럼, 예쁜 붉은색이 찍혔습니다. 아이의 집게손가락 끝을 통과한 빛이라는 생각이 드니 특별하게 보였습니다. 렌즈를 가리고 찍는 것이 좋다는 아이를 따라 해봤습니다. 덕분에 렌즈를 손가락으로 꾹 누르면 빨간색 사진이, 살살 누르면 살구색 사진이 나온다는 걸 오늘 처음 알게 되었습니다. 그리고 아이 역시 자신만의 취향이 있다는 것을 깨달았습니다.

새로운 계획이 떠올랐습니다. 거실 한쪽 벽에 커튼 와이어를 설치해 아이가 찍은 사진들을 멋있게 걸어두는 것입니다. 사진 전시 그 자체로도 좋을 것이고 아이에게 자신이 의미 있다고 생각하는 것을 아빠도 같은 시선으로 바라보고 있다는 증거가 되지 않을까요? 아이가 자신의 사진 작품이 한쪽 공간을 채워갈수록 아빠에게 공감과 존중을 받고 있다는 느낌을 받지 않을까요? 사진을 본 손님들의 반응을 보면서 흡족하거나 뿌듯하지 않을까요?

집에 돌아와 이런저런 기대감에 커튼 와이어를 인터넷 쇼핑 장바구니에 넣으며 아이에게 물었습니다.

"여기부터 여기까지 줄을 매달아서 네가 찍은 사진

을 걸려고 해. 어때?"

"싫은데?"

"싫다고? 이유가 뭐야?"

"(양손으로 엑스 표시를 그리며)싫으니까 싫은 거지!"

잉? 사진 전시를 원치 않는다고? 다시 물어도 아이의 대답은 똑같습니다. 이유를 모르겠습니다. 맙소사, 혹시 여섯 살은 다 이런가요?

내가 좋아하는 것을 아이도 좋아하기를 바라는 마음은 한 가지 조건과 짝을 이뤄야 온전할 것 같습니다. 아이 생각을 존중할 것. 아이는 사진 찍기만 좋아하지, 전시는 원치 않는다는 걸 알게 된 하루입니다. 삶을 풍요롭게 하는 활동은 무수히 많겠지만, 우리가 좋아하는 것이 겹쳐서 즐거움을 함께 누리는 날이 오면 좋겠습니다.

아무튼, 아이의 삶에 재미있는 것들이 가득하기를!

세상에 하나뿐인 글자

"오늘 늦어. 둘이서 밥 먹고 먼저 자."

 아내의 문자 메시지. 코로나19로 주춤했던 프리랜서 아내의 경제활동이 다시 시작되어, 칼퇴 후 육아를 전담하는 날이 많아졌습니다. 몸은 피로하지만 감사한 마음으로 아이와 둘이서 저녁 시간을 보냅니다.
 책을 좋아하는 아이를 위해 매주 월요일엔 중고서점으로 향합니다. 어린이 코너에 전시된 장난감들이 아이에게 유혹의 손짓을 하는 난관이 있지만, 중고 거래 애호가이자 인터넷 최저 가격 검색이 일상인 자린고비 아빠를 이길 순 없습니다.

 "여기선 구경만 하는 거야."

나의 대답은 언제나 같았습니다. 아이는 이제 장난감 사달라는 말을 하지 않게 되었지만, 어느 날 자석 글자 교구를 가리키며 말했습니다.

"아빠, 나 이거 사주면 안 돼? 나 아직 글자 모르잖아."
"글자 알고 싶어?"
"응."

아빠가 거절할까 봐 약간 망설이며 꺼낸 말이었습니다. 아이 표정에 그렇게 적혀 있었습니다. 어쩐지 미안했습니다. 그리고 반가웠습니다. 여섯 살인데 글을 가르쳐야 하지 않겠느냐는 주변의 걱정을 못 들은 체하며, 아이가 글자에 대한 호기심이 생길 때까지 기다려왔기 때문입니다. 이제, 우리 집에도 '자석 칠판'이 하나쯤 있어서 아이가 '자석 글자'를 가지고 놀 수 있게 해주면 좋겠다고 생각했습니다.

자석 글자를 그 자리에서 바로 사지는 않았습니다.

붙일 만한 곳을 먼저 마련하지 않는다면 자석 글자는 바닥에 나뒹굴어 집을 어지럽히고 말 것이기 때문입니다. 자석 칠판을 아무리 검색해 봐도 가격이나 크기가 통 마음에 들지 않습니다. '그래, 하나 만들자.' 아이를 위해 자석 칠판을 만들어주기로 합니다. 자석 칠판이 아닌 '자석 벽'을 만들기로 작정하고는 배송이 가능한 최대 크기의 함석판과 여러 준비물을 함께 주문했습니다.

    이따금 '좋은 아빠란 무엇일까?' 자문합니다. 일하느라 아이와 함께하는 시간이 충분치 않다는 아쉬움 때문일까요. 여섯 살짜리에게 좋은 아빠란 '시간을 들이는 아빠'라는 생각이 들었습니다. 아이를 위해 코로나19 방호복이나 의수를 만들어주는 아빠들의 소식을 뉴스에서 봤습니다. 세상에 좋은 아빠들은 자식을 위해 단 하나의 한정판을 만들어 내고 있더군요. 내 주변에도 아이를 위해 블록 놀이용 책상을 손수 제작한 아빠가 있습니다. 아이에게 필요한 물건을 어떻게 만들지 궁리하고, 시간을 들여 아이와 함께 만들어가는 과정에 무게를 두는 육아 방식이 참 좋아 보였습니다. 아이를 위해 칠판을 만들기로 한 지금, 얼추 나도 그들처럼 좋은 아빠가 되어 가는 중입니다.

재료는 다 준비되었는데 막상 시작하려니 조심스러워집니다. 사흘이나 뜸을 들이다 작업을 시작했습니다. 함석판이 벽에 잘 붙을 수 있도록 실리콘을 바를 차례, 역사적인 순간에 아이를 동참시키기 위해 아이에게도 실리콘 건을 쏴보게 했습니다. 먼저 바른 실리콘이 마를 정도로 아이는 오랫동안 열중해서 뭔가를 실컷 그립니다.

"뭘 그린 거야?"
"내 이름을 썼어."

아이가 회색 실리콘으로 쓴 글자가 마치 쟁반에 엎어진 낙지와 비슷했습니다. 읽을 수 있는 글자는 아니었지만, 아이가 글자에 관심이 생긴 게 분명합니다.

내 몸보다 크고 넓은 함석판을 벽에 신중히 붙인 후

화이트보드 시트지로 마감했습니다. 마침내, 자석 칠판이 완성됐습니다. 내내 곁에서 구경하던 아이에게 묻습니다.

"세상에 하나뿐인 칠판이야. 어때?"
"아빠가 최고야."

아이는 '엄지척'을 하며 무척 좋아했습니다. 정말 기분 좋을 때 나오는 밝은 표정이 너무 귀엽습니다. '맞아, 이 맛에 선물하는 거지.'

"수현아, 이제 자석 글자 붙여보자!"

자석 글자를 꺼내 아이와 함께 이리저리 붙여봅니다. 아이는 세상에 없는 글자를 만들어 놓고 묻습니다.

"아빠, 이건 무슨 글자야?"
"우와! 아빠도 처음 보는 글자네!"

아이는 '세상에 하나뿐인 글자'를 만들었습니다. 아빠가 만든 '세상에 하나뿐인 칠판' 위에서 어떤 글자가 만들어져도 뭉클합니다. 집안 여기저기 굴러다니던 '자석 사진'도 자석 칠판에 붙입니다. 지금보다 젊은 아빠의 어깨 위에 아이가 목말을 타고 있는, 사진 속에 우리 모습이 보기 좋습니다.

잠자기 전, 아이에게 오늘 하루 중 어떤 것이 제일 즐거웠는지 묻자 칠판을 만들고 글자 놀이를 한 것이라며 "내 친구 윤제에게도 칠판을 만들어주고 싶어"라고 말합니다. 일편단심 윤제 사랑입니다.

"넌 누구랑 노는 게 제일 좋으니?"
"윤제."
"그다음은?"
"소은이."
"그다음은?"
"태강이."
"아빠는 언제 나와?"

"아빠는 없는데?"

"아빠는 칠판 만들어 줬는데?"

"(고사리손으로 내 입을 막으며)말 그만하고 자자."

"그래, 자자."

"아빠, 사랑해."

"(아이를 끌어안으며)아악! 나도!"

아이와 키득키득 대화를 나누며 잠을 청하니 하루의 피로가 몰려듭니다.

아이가 초등학생이 되어 틀린 글자는 쓰지 못하게 하는 세상에 속하게 될 때면, 세상에 하나뿐인 글자를 더 이상 만들지 않게 되겠죠. 아직은 아이가 만든 새로운 글자들을 계속 보고 싶다는 생각이 글을 어서 깨쳤으면 좋겠다는 마음속 조바심과 충돌합니다. 자석 칠판과 자석 글자의 쓸모는 나의 결정이 아닌 아이의 몫으로 남겨둡니다. 우리가 함께 시간을 들여 자석 칠판을 만든 날을, 아이가 즐거운 추억으로 기억해주기만 해도 바랄 것이 없겠습니다.

지치지 않겠습니다

올여름은 유난히 기네요. 한 달 반짜리 끔찍한 장마를 견디고 나니 광복절을 기점으로 코로나19 확산이 심각해졌습니다. 집과 직장 근처에 확진자가 생겼다는 소식이 빈번해졌습니다. 영화 속 괴수의 눈처럼 신종 코로나바이러스가 우리 집 창 안을 들여다보고, 언제라도 우리 가족을 덮칠 것만 같습니다.

사회적 거리두기 2단계 격상. 어린이집은 휴원했습니다. 프리랜서인 아내의 일정이 모두 취소되어 '가정 보육'이 가능하게 되었습니다. 불행 중 다행입니다. 어쩔 수 없이 문 닫은 어린이집에 '긴급 보육'을 맡기는 맞벌이 부모들도 많기 때문입니다. 어린이집에 보내는 쪽이든 보내지 않는 쪽이든 모두가 힘들고 지치는 건 매한가지입니다. 이 상황을 마냥 좋아하는 사람은 우리 집 철부지 아이입니다. 심지어 "코로나가 게—속되어서 어린이집에 안 갔으면 좋겠어"라고 합니다. 여섯 살짜리가 세상의 힘듦을 미리 알 필요는 없겠지요.

아침 여덟 시, 온종일 엄마와 함께 있게 되어 즐거운 아이와 달리 아내의 표정은 무겁습니다. 긴 하루가 되겠죠. 아내에게 퇴근하고 집에 빨리 오겠다는 말을 건네고, 남은 연차를 세며 출근합니다.

저녁 일곱 시, 퇴근하고 집에 돌아오니 지친 아내의 얼굴에 다크서클이 잔뜩 내려앉았습니다. 아이는 그런 엄마에게 방금 꾸중을 들었는지, 눈가가 촉촉한 채 시무룩해 있습니다. 둘 다 집에 있느라 애썼습니다. 실은 나 역시도 지쳤습니다. 무더운 계절, 장시간 마스크를 써야 하는 생활에서 오는 피로감이 확실히 큽니다. 어디를 갈 수도, 누구를 만날 수도 없는 이 시기에 육아를 전담하는 쪽도, 나가서 돈을 벌어들이는 쪽도 쉽지 않습니다. 나도 쉬고 싶지만 아내에겐 육아 퇴근이, 아이에겐 바람을 쐴 시간이 필요해 보였습니다.

아이를 데리고 산책을 나왔습니다. 인적이 드문 공원을 일부러 찾아가야 합니다. 다행히 집 앞 공원에 행인이 없네요. 아이는 선선한 저녁 공기에 기분전환이 되는지 나무 막대를 들고 폴짝폴짝 뛰며 앞장섭니다.

"(손으로 얼굴을 훔치며)어푸어푸, 나 거미줄 병에 걸렸나?"
"그런 병은 없을걸?"
"그런데 왜 자꾸 거미줄에 걸려?"

그래도 아이는 밝습니다. 다행입니다. 아이는 자신이 좋아하는 김밥집에 가고 싶다고 합니다. 굳이 가게 안에서 먹겠다고 합니다. 나는 "(손님이 우리 말고)아무도 없어라, 아무도 없어라" 주문을 외며 김밥집으로 향했습니다. 효과가 있었는지, 유리창 너머 가게 안에 손님이 한 테이블밖에 없습니다. 통통하고 귀여운 남자아이 둘과 엄마가 식사를 마쳐가는 중입니다. 문득 에어컨이 돌아가고 있던 실내에서 여러 사람이 감염

되었다는 뉴스가 떠오릅니다.

"수현아, 우리는 다른 손님이 아무도 없을 때 들어가자."

몇 분 기다리지 않아 우리는 식당에 들어갈 수 있었습니다. 배가 고팠습니다. 주문한 음식을 기다리는 동안 무한제공 반찬 코너에서 떡볶이와 순대를 떠먹습니다. 맛있습니다. 하지만 아뿔싸! 여러 손님이 이용했을 무한제공 반찬을 무심코 떠먹은 것이 실수라는 생각이 번쩍 들었습니다. '혹시 코로나바이러스가 앉은 반찬 아냐?' 의심과 후회가 밀려들었습니다. 가장 일상적인 활동에서 불안을 느낀 그 순간, 코로나19는 내 생애 최초이자 최악의 재앙이었습니다. 모든 위험을 피하는 것이 가능하긴 할까요?

내후년에야 코로나19가 종식될 것이라고 합니다. 그때 아이는 초등학생이 됩니다. 내가 겪어본 적 없는 학교생활을 하게 될 테지요. 학교에서는 감염 불안이 배경이 된 공중예절을 단단히 일러주겠지요. 담임 선생님의 따뜻한 미소조차 마스크 너머로 짐작만 하게 될까요? 아이들끼리 "친구야 미안해"라며 서로 화해의 악수나 포옹조차 못 하게 될까요? 음료수나 아이스크림을 먹을 때 "한 입만"이 사라지게 될까요? 리코더, 단소처럼 입으로 부는 악기 교육이 사라지게 될까요? 새 친구를 사귀거나 생일 파티에 초대할 때에도 그의 가족 중에 감염 경험자가 있는지, 백신은 맞았는지 물어보고 가리게 될까요? 물론 감염 혐오와 관련된 친구 따돌림은 절대 없어야겠지만요.

아이들이 이렇게 조심스럽게 살아가야만 하는 세상이라니 상상하기도 싫습니다. 바이러스 변이가 계속 이루어져 백신이 무용지물이 된다거나, 완치는 없을 것이란 전망에 대해 미리 염려하지는 않으려 합니다. 그저 개인 방역 수칙을 충실히 지키는 것으로 일상을 잘 붙드는 쪽이 낫겠습니다. 그게 감염병과의 끝이 보이지 않는 술래잡기에서 이기는 유일한 전술 같으니까요.

아이는 씩씩하게 김밥을 잘 먹고 후식으로 아이스크림까지 먹으며 세상 만족스러워합니다. 집과 자동차 외 모든 공간에서 마스크 생활을 해야 하지만, 대체로 잘 지냅니다. 아이가 감염병 시대에 잘 적응하고 있는 것인지 모르겠습니다. 부모로서 지금은 그저 아이가 즐겁게 지낼 수 있도록 해주면 될 것 같습니다.

아이가 이 상황을 이해할 수 있을 정도로 자란 후에는 감염을 두려워하게 될지도 모르겠습니다. 그때는 두 가지에 관해서 이야기를 나누고 싶습니다. 필요 이상의 걱정 대신 상황을 받아들이고 긍정적인 생각으로 대응해 나아가자는 것. 감염 경험이 있는 사람을 쉽게 비난하거나 혐오하지 말자는 것.

코로나19가 갑자기 나타나 서로 거리를 두고 지내라고 선고를 내린 지 벌써 7개월째, 나와 아내가 지치기 쉬운 시점입니다. 일단은 처음으로 우리 집 가훈을 정해봐야겠습니다. 서로 격려하고 배려하기. 그 중심에 '육아'와 '가사'가 있습니다. 여름 휴가를 떠나지 못한 덕분에 남은 연차가 넉넉합니다. 아내의 육아 퇴근과 나의 휴식을 위해 요령껏 잘 써야겠습니다.

지치지 않겠습니다. 아이와 마음 편히 김밥집에 가는 그날까지.

자신감 뿜뿜

가을바람이 불지만 아직 초록 잎이 우거진 동네 산책로, 두발자전거를 갓 타기 시작한 아이의 뒤를 따라 달리던 중이었습니다.

"으악! 수현아, 잠깐만!"
"아빠, 왜? 똥 마려워? 쉬 마려워?"
"그게 아니고!"

나는 찌릿찌릿 무릎 통증에 비명을 지르며 앞서가는 아이를 불러 세웠습니다. 아픈 와중에도 아이의 물음에 웃음이 터졌습니다. 그동안 코로나19 핑계로 집에서 몸을 편하게 했더니 운동 부족으로 무릎이 아프군요. 무릎 통증을 겪고부터는 나도 자전거를 타고 아이 곁을 달리기 시작했습니다.

아이가 자전거에 익숙해지면서 우리는 점점 멀리까지 갈 수 있게 되었고, 마침내 2킬로미터 떨어진 처음 가보는 큰 숲까지 다녀올 수 있게 되었습니다. 우리가 "비밀의 숲"이라고 부르는 그 먼 곳까지 자전거로 다녀왔다는 사실에 아이는 스스로 흡족해하는 모양입니다. 멀리까지 갔고, 재미있는 곳을 발견했다면 다음 순서는 집에 가서 엄마에게 자랑하는 일이죠.

지금으로부터 보름 전, 아이가 두발자전거를 처음 연습한 그 날 하늘은 무척 근사하고 멋졌습니다. 노을이 질 무렵 우리는 코로나19로 휴업 중인 공원 주차장으로 향했습니다. 사람은 없고 공간은 넓어 자전거를 연습하기에 딱 맞았죠. 아이는 페달을 밟고, 나는 뒤따라 달렸습니다. 아이가 균형을 유지할 수 있도록 아이 어깨를 잡았다가 슬쩍 놓기를 반복했습니다. 십 분쯤 지났을까, 아이는 전방을 주시하며 내게 결단의 소리를 외쳤습니다.

"아빠, 이제 손 떼도 돼!"
"괜찮겠어? 알겠어!"

아이 목소리에서 반짝반짝한 모험심이 느껴집니다. 자전거를 따라 몇 초 더 달리다, 우주왕복선에서 연료 탱크가 분리되듯이 적당한 타이밍에서 아이를 놓아줍니다. 물론 걱정스러운 마음이 가득한 채로요. 처음엔 앞바퀴가 비틀비틀했지만, 곧 균형을 잡은 자전거는 공터 깊숙한 곳으로 미끄러지듯 나아갑니다. 아이의 성공에 나는 고래고래 환호성을 질렀습니다. '언제 저렇게 컸을까?' 넘어지지 않으려 균형을 잡는 동시에 자유를 느끼는 작은 몸이 경이롭고 감탄스러웠습니다.

"우와 됐어! 혼자 잘 타네! 아빠가 잡아줄까? 정말 괜찮아? 멋지다! 대단해!"

행여 자전거가 넘어질까 뒤따라 달립니다. 붉은 노

을과 초록 잔디밭이 아름답게 대비된 풍경 속에서 아이는 시원한 바람을 만끽합니다. 감격스러운 순간을 남기기 위해 나는 사진을 요란하게 찍었습니다. 아이가 처음 뒤집기에 성공했던 생후 135일 때처럼 나의 육아사에서 기념할 만한 날이기 때문입니다. 이건 아이를 위한 사진이 아닌 '나를 위한' 사진입니다.

몇 분 후, "아빠! 멈출래! 잡아줘!"라고 다급히 외치는 아이를 붙들어 세웠습니다. 아빠의 품에 돌아온 아이의 첫 마디는 "휴―살았다"였습니다. 아이의 표정에는 긴장이 풀린 직후의 안도감, 새로운 모험을 성공적으로 마쳤다는 뿌듯함, 상쾌한 기분이 한껏 묻어났습니다. 나는 "너 정말 대단해!"라며 박수와 '양손 따봉'으로 아이의 용감한 성취를 칭찬했습니다.

"수현아, 무섭지 않았니?"
"아니."
"용기를 냈니?"
"아니."

"그럼 어땠니?"

"너무 좋았어!"

"좋았어"라는 말이 듣기 좋았습니다. 내 귀에 행복이 시원한 바람처럼 스칩니다. 아이가 스스로 자전거를 멈추지 못해서 잔뜩 굳었을 텐데, 아빠의 과한 리액션 때문인지 무서웠다는 말은 차마 하지 못한 것 같습니다. 왕년에 '씩씩이(태명)'였던 이름값을 하는 걸까요. 귀여웠습니다. 자전거를 처음 배운 날의 기억이나 누군가 등 뒤에서 자전거를 놓아준 순간의 긴장, 그와 동시에 느껴지는 자유로움은 누구나 쉽게 잊기 어려울 것입니다.

그날 저녁, 자동차 카시트 안전벨트를 채워주려는데 아이가 직접 해보겠다면서 말했습니다.

"아빠, 나 이제 뭐든지 할 수 있어. 자전거를 탔으니까."

"오, 자신감 뿜뿜!"

"뿡뿡!"

어디서 들었는지 아이는 "할 수 있다고 생각하면 할 수 있게 되는 거야!"라며 자신감을 보였습니다. '자전거 홀로서기'가 가져다준 선물이군요. 새로운 벽을 가뿐히 넘은 아이가 대견했습니다. 자전거 타는 아이의 어깨를 잡아주듯 아이의 성장을 지켜보다 보면, 정말로 자전거처럼 스스로 균형을 잡으며 독립하는 날이 오겠죠. 무척 이른 생각이지만 어쩐지 이번 자전거 홀로서기가 그 출발점이 될 것 같습니다.

면도를 할 줄 몰라 첫 면도를 내내 망설였던 청소년 시절을 떠올리면, 앞으로 내가 어떤 걸 아이와 함께해야 할지 조금 알 듯도 합니다. 그렇다고 세상 모든 것을 가르쳐 줄 수는 없겠죠. 아이가 호들갑스러운 아빠의 지지와 갈채 속에서, 언제나 새로운 배움을 즐거워하기를 바랄 뿐입니다.

"수현아, 내일도 자전거 타러 가자!"

포기는 없다

여섯 살짜리의 삶에는 처음 해보는 것들로 가득합니다. 한글과 숫자 배우기, 젓가락질, 양치질, 옷 찾아서 입기 심지어 큰 볼일 후 뒤처리까지도요. 온통 서툰 것투성이니 마음 같지 않은 게 많은 일상입니다. 이럴 때 아이는 다시 시도하기보다 부모가 대신해주길 바라죠. 괜찮아요. 자연스럽습니다. 그렇지만 부모가 언제까지나 아이 대신 양치질을 해 줄 수 없기 때문에, 어설퍼도 아이 스스로 하고자 하는 태도와 노력이 눈에 보이면 놓치지 않고 칭찬해주려 합니다. 아이 마음속에 "자기 효능감"이라는 나무가 잘 자라길 바라면서요.

자기 효능감이란 "자신이 어떤 것을 이루기 위한 능력을 가지고 있다"라고 인식하는 것을 뜻합니다. 그

건 아이가 새로운 일에 흥미를 느끼게 하는, 비록 시도가 실패하더라도 낙담하기보다 끈기를 가질 수 있게 하는 원동력이 됩니다. 자기 효능감이 시들해졌을 땐 자기 능력을 과소평가하며 "난 못해. 아빠가 다 해줘"라며 어려운 일이 닥쳤을 때 지레 포기하거나, 실패가 두려운 나머지 시도조차 피하고 맙니다. 아이로서는 충분히 할 수 있는 말이지만 때로는 너무 의존적인 건 아닌지 괜한 걱정이 될 때도 있습니다.

우리는 날씨 좋은 주말이면 자전거 타기 좋은 곳을 찾아 떠납니다. 주행 거리도 점점 늘어나는 중입니다. "김포한강 야생조류생태공원"에서 5킬로미터를 탔을 땐 놀라웠고, "영종도 씨사이드파크"에서 6킬로미터를 달렸을 땐 감격스러웠습니다. 이 세상에 근거 없는 자신감은 있을지 몰라도, 근거 없는 자기 효능감은 없습니다. 운동을 해야 근력이 생기듯, 시도와 노력이 성공으로 이어져야 자기 효능감도 튼튼해지는 법이죠. 아이는 주행 기록을 경신할 때마다 자전거에 대한 자신감을 보였고 의욕이 차올랐습니다.

성취 경험을 쌓아가던 우리는 급기야 국토 종주 자전거길인 "아라자전거길"에 '도전'하기로 했습니다. 쉬운 일이라면 도전이라고 부르지 않을 것입니다. 그곳은 서해와 한강을 잇는 아라뱃길의 양쪽에 조성된 자전거길인데 편도 거리만 무려 20킬로미터입니다.

아이의 16인치 자전거는 지면에서 높지 않아 안정감을 느끼며 타기엔 좋지만 멀리 가기에는 바퀴가 너무 작습니다. 만약 아이가 중도 포기할 경우, 나에게는 두 대의 자전거를 목적지까지 옮겨야 하는 곤란한 상황이 생기겠지요. 위기가 예상되지만, 걱정하는 대신 출발하기 며칠 전부터 아이의 몸과 마음을 준비시켰습니다. "20킬로미터는 정말 정말 먼 거리야. 그래서 밥을 잘 먹고 힘을 길러야 해"라고 신신당부했습니다.

출발 당일 아침, 우리는 마지막 결의를 다졌습니다. 아이에게 "할 수 있다"라는 대답을 듣고 싶었습니다. 그 대답을 아이가 자신과의 약속으로 새기길 바랐습니다.

"수현아, 마음 단단히 먹어야 해. 할 수 있겠어?"
"물론이지! 포기는 없다!"

아이가 즐겨보는 만화의 대사가 여기서 튀어나오네요. 만화의 영향력이 대단합니다. 씩씩한 대답을 들으니 나도 마음의 준비가 되었습니다.

우리는 평소 가깝게 지내는 이웃과 함께 집결지에서 출발했습니다. 아빠들은 각각 선두와 후미를 맡고, 아이들은 아빠들 사이에서 안전하게 달렸습니다. 맑은 가을 하늘 아래에서 우리는 놀며 쉬며 서쪽 끝을 향해 나아갔습니다. 아라뱃길 수면 위로 빛나는 윤슬, 울긋불긋 단풍잎, 시원하게 쏟아지는 "아라폭포" 등 구경할 것이 많았습니다. 자전거 코스는 대부분이 평지인 데다 간혹 매점과 화장실이 있어 아이와 함께 즐기기에 무척 좋았습니다.

목적지에 가까워질수록 아이 체력이 떨어져 더 자주 쉬어야 했고, 나 역시 아이의 안전한 주행을 위해 끊임없이 큰소리로 주의를 시키느라 많이 지친 상태였습니다. 출발 네 시간 만에 우리는 결국 해냈습니다. "정말 대단해! 진짜 해냈어!"라며 떠들썩하게 아이의 노력과 성취를 축하해줬습니다. 손뼉으로는 모자라 내 품에 꽉 끌어안아 줬습니다. 차가운 바닷바람에 한기를 느끼며 바라본 "정서진"의 붉은 낙조는 아름다웠습니다.

몸을 녹이러 들어간 근처 건물에 커다란 전신 거울이 있었습니다. 거울 속 아이까지 대견해 보입니다. 아빠의 축하는 이미 충분했지만, 아이에게 스스로 축하 인사를 건네는 경험을 시켜주기로 했습니다. "자, 아빠 말을 따라 해 보자!"라며 거울 속 자신에게 인사를 건네도록 선창 했습니다.

"수현아, 너는 멋지게 해냈어!"
"수현아, 너는 멋지게 해냈어!"
"힘들었을 텐데 포기하지 않다니 정말 대단해!"
"힘들었을 텐데 포기하지 않다니 정말 대단해!"

아이는 칭찬을 만끽하며 액션 만화 주인공 같은 포즈를 취합니다. 가슴은 활짝 펴지고, 한껏 솟아오른 어깨 위에는 "20킬로미터 완주"라는 빛나는 훈장이 내려와 앉습니다.

그 날 이후 종종 아이에게 "네 자전거 기록은 점점 늘어나는 중이고, 오로지 너 혼자만의 힘으로 해내고 있다"라는 사실을 상기시켜 주었습니다.

자전거길 완주라는 성취 경험은 여러 도전 상황에서 유용했습니다. 아이가 뭔가를 피하거나 주저할 때면 "20킬로미터 달린 사람에게 이 정도는 아무것도 아니야"라는 말을 건넸습니다. 그럴 때마다 아이는 스스로 움직였습니다. 먹기 싫어서 지난 일 년 동안 도망 다녔던 비염약을 먹으며 "조금 먹을 만하네"라고 허세를 부리거나, 물이 쏟아지는 수도꼭지 아래에 고개를 숙여 순순히 머리를 감습니다. 머리 감는 걸 그렇게 싫어하던 아이는 어디론가 가고 없습니다.

이번에 알게 되었습니다. 아이가 노력하는 수많은 순간을 곁에서 지켜봐 주는 것이야말로 아빠가 할 수 있는 정말 중요하고 멋진 일이라는 것을요. 여섯 살 아이의 세계는 새로운 시도와 연습 거리로 가득 차 있으니, 그만큼 아빠가 칭찬과 격려를 해줄 기회도 많습니다. 그것들을 그냥 흘려보내기엔 너무 아깝습니다. 자기 효능감을 키워주기에 더할 나위 없는 조건이기 때문입니다.

갑자기 아이가 외칩니다.

"아빠! 우리 다음에 100킬로미터에 도전해보자! 할 수 있을 것 같아!"
"수, 수현아, 그때는 엄마랑 둘이 가면 어떨까?"

아이의 자신감 넘치는 제안에 동공이 흔들립니다.

아이의 우선순위

아이가 일곱 살을 향해가는 요즘, 말주변과 어휘력이 늘어 자기 생각이나 입장을 말하는 경우가 많아졌습니다. 언제 이렇게 자랐는지 번번이 새삼스럽습니다. 며칠 전에는 저녁 식탁에서 대화를 나누다 아이가 새로운 화제로 말문을 열었습니다.

"작년에 아빠가 갑자기 소리를 질러서 깜짝 놀라 울었는데, 지금 그 생각이 떠올라 기분이 안 좋아."

나도 기억이 납니다. 지금은 그런 일이 없지만, 억지로 욕실에 데려가 양치질을 시키고 빨리 재우려 했던 날이었습니다. 당시 며칠째 수면 부족으로 예민했던 나는 양치질을 거부하는 아이에게 "버럭" 소리를 지르고 말았습니다. 일 년도 더 된 일을 기억하다니 적잖이 놀랐습니다. 중요한 건 아이에게 상처가 되는 기억으로 남아있다는 사실이었죠.

"그게 아직 마음속에 남아있다고?"

과거에 겪었던 불편한 마음이 제때 풀리지 않아서 나중에 비슷한 상황을 겪을 때 상처가 덧나는 사람들의 경우를 여러 번 봐왔습니다. 그래서 아이의 말이 결코 가볍게 들리지 않았습니다. 기억만 무덤덤하게 남고 불편한 감정은 수증기처럼 증발해버리면 얼마나 좋을까요. 밥 먹다 말고 아이에게 사과했습니다.

"말해줘서 고마워. 지금 다시 사과할게. 그때 갑자기 소리 질러서 미안해. 앞으로는 안 하려고 노력할게. 아빠의 사과를 받아줄 수 있겠어?"
"응, 받아줄게."
"지금 말고도 그것 때문에 기분이 안 좋을 때가 있

었니? 그런 마음이 또다시 올라오면 그때도 지금처럼 말해줘야 해. 언제든 다시 사과할 수 있어. 소리 지른 건 아빠가 잘못한 일이니까."
"이제 괜찮아졌어(하이파이브 하자는 의미로 손바닥을 들어 보인다)."
"좋아!(하이파이브 짝!)"

괜찮은 부자 관계란 언제나 용서 구할 기회를 주고, 용서하는 사이겠죠. 하지만 어쩐지 마음 한구석이 조금 무거워집니다. 여섯 살이지만 한 명의 인간으로서 인격이 형성되는 길목에 진작부터 들어서 있었구나 싶어서요. 어른에게 소리를 지르거나 강제로 몸을 이끌지 않듯, 아이에게도 그와 같은 태도를 갖춰야겠다고 마음먹습니다.

하지만 식사 중에 집안을 돌아다니고 최대한 양치질을 미루려는 이 아이에게 어떻게 길잡이를 해줘야 할까요? 다음 날 저녁이었습니다.

"수현아, 치카 먼저!"
"아빠, 책 먼저!"

여느 날처럼 아이는 양치질을 피할 요량으로 책을 읽어달라고 합니다. 이번엔 다른 방식으로 접근해봅니다.

"지금 양치질을 하면 좋은 점이 있어."
"뭐?"
"지금 하면 자기 전엔 안 해도 돼. 책 읽고 놀다가 바로 잘 수 있어."
"그게 좋은 거야?"
"당연하지! 오늘 다시는 안 해도 되는데?"
"맞네."

아이는 단번에 수긍하며 칫솔을 직접 입에 물고 내 곁에 서서 양치질을 시작합니다. 역시 설득보다 납득의 힘이 더 센 법. 나는 회심의 미소를 짓습니다. "하기

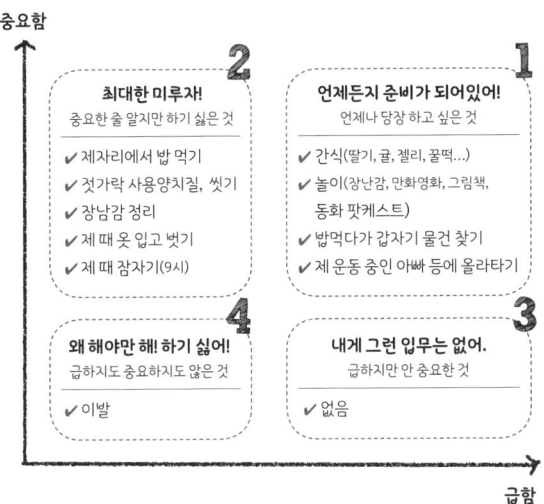

싫은 걸 먼저 하면 나중이 편하다"라는 프레임이 통한 것일까요. 거의 매일 밤 이뤄졌던 '양치질 옥신각신'이 이제 끝난다는 기대도 잠시, 사흘째부터는 이 방법도 막힙니다.

"아빠, 이제 내 생각이 바뀌었어."

역시 만만치 않은 상대입니다.

아이를 재우고 식탁에 돌아와 앉습니다. '아이야, 너는 어떤 사람이지?' 아이를 이해하기 위해 종이를 펼쳐 중요도와 긴급도를 두 축으로 삼아 네 칸을 그렸습니다. 1번(급함+중요함), 2번(안 급함+중요함), 3번(급함+안 중요함), 4번(안 급함+안 중요함) 영역으로 나누었습니다. 직장 업무의 우선순위를 구분할 때 흔히 쓰는 표를 참조한 것입니다. 아이의 입장에서 생각하며 하나씩 적어봤습니다. 빈 칸을 채워놓고 보니 마치 '아이 머릿속 지도' 같습니다. 각 영역의 특징을 하나씩 뜯어봤습니다.

중요하고 즉시 해야 하는 1번 영역은 '현재에 충실한 영역'으로서 놀고먹는 일이 전부입니다. 이 영역에 머무는 동안 아이의 행복 배터리는 충전될 것입니다. 놀고먹기만 잘해도 박수받는 삶이라니, 정말 멋집니다.

중요하지만 시간적 여유가 있는 2번 영역은 '미래를 준비하는 영역'으로서 앞으로 아이가 스스로 하는 것에 익숙해져야 하는 것들입니다. 1번 영역과는 달리 연습이나 노력이 필요하기에 아이 입장에서는 번거롭고 귀찮은 것들입니다. 양치질이 바로 이곳에 속해 있군요. 어쩐지!

바로 처리해야 하지만 중요하지 않은 3번 영역에 해당하는 것은 찾지 못했습니다. 나처럼 자잘한 업무 전화를 즉각 받아야 하는 직장인도 아니니까요.

급하지도 중요하지도 않은 4번 영역의 경우에는 '아이가 전혀 원치 않는 것'입니다. 아이는 6년 평생 이발을 좋아했던 적이 단 한 번도 없습니다. 늘 "왜 그래야 하는데?"라는 질문만 던질 뿐이죠.

아이 입장에 서보니 보입니다. 아이의 우선순위가 나의 기대와 일치하는 않는다는 당연한 사실이요. 아직은 때가 아닌 모양입니다. 그러고 보니 정작 나도 무려 열두 살이 되어서야 담임 선생님의 권유로 양치질을 시작했었군요. 장난감 정리는 또 어떻고요. "장난감 정리를 하지 않으면 정말로 다 갖다 버린다"라는 어머니의 말을 "에이 설마" 하고 한 귀로 흘리다가, 결국엔 정말 소 잃고 외양간 고치고 말았던 어린 시절의 기억이 떠오릅니다. 나야말로 1번 영역에 '올인'했던 타입이었군요. 아내는 어땠는지 물어보니 더 웃깁니다. 중학교에 올라가서야 양치질을 제대로 했다는군요.

아이가 준비될 때까지 기다려야겠습니다. 지난 6년 동안 매일 같은 말로 아이를 이끌어왔듯이요. 불과 네 살 때까지만 해도 지금의 2번(안 급함+중요함) 영역에 있는 것들은 모두 4번(안 급함+안 중요함) 영역에 속해 있었습니다. 차츰 성장하며 지금처럼 변해온 것이죠. 이제껏 그랬듯, 시간이 흐른 후에는 모든 게 자연스럽게 이뤄지겠지요. 재촉하지 않기로 합니다.

오늘 밤, 변한 건 아무것도 없지만 아이를 이해하려고 한 시도는 재미있었습니다. 일 년에 한 번씩 '아이 머릿속 지도'를 업데이트를 한다면 아이 성장의 변천사를 볼 수 있겠다 싶습니다. 초, 중, 고등학생으로 커 갈수록 얼마나 역동적일까요. 그것을 모아 훗날 아이에게 보여주면서 이야기를 나눈다면 사진 앨범 볼 때만큼이나 즐거운 추억이 될 것 같아요. "너 저 때 양치질을 너무 싫어했어. 근데 알고 보니 아빠가 어릴 땐 더 했다?" 하고요.

앞으로 말을 더 잘하게 될 아이가 기대됩니다. 아이의 모든 생각이 저녁 식탁에 편하게 오르면 좋겠습니다. 물론 공짜는 아닐 것입니다. 뭐든지 말해도 안전하고, 괜찮은 아빠가 되어야 하니까요. 말이 통하는 아빠가 되도록 준비하기. 이 과업을 나의 2번 영역(미래를 준비하는 영역)에 놓고, 지금부터 시작해봅니다.

옜다, 별 받아라!

퇴근 후, 현관에 들어서는 나의 기척에 아이가 뛰어나오며 큰소리를 외칩니다.

"엄마! 이것 좀 봐!"
"아빠인데?"
"아빠! 이것 좀 봐!(급하면 엄마, 아빠를 바꿔서 부름)"

아직 신발도 벗지 않았는데, 내 손을 잡아끌고 뭔가를 보여주려 합니다. 아이를 곧장 안아 들고 얼굴을 비비고 싶지만, 코로나 시국에 버스 타고 귀가한 아빠가 그럴 수 있나요. "수현아, 잠시만!"을 외치고 곧장 세면대로 가서 손과 얼굴에 비누칠하는데, 아이가 욕실 입구까지 졸졸 따라옵니다. 마치 참치 통조림을 발견한 고양이 같습니다. 씻는 내내 기다리길래 수건으로 물기를 닦으며 물어봅니다.

"아니, 대체 뭘 보여주려고?"
"아빠가 봐야 해!"

아이가 가리키는 집게손가락 끝을 따라가 보니, 한글 공부 책 귀퉁이에 아내의 사인이 있습니다. "참 잘했어요"란 글자와 함께, 스마일에 별표에 좋은 건 다 그려져 있습니다. 영혼까지 끌어모은 칭찬의 흔적이 요란했습니다. "한글 따라 그리기가 힘들었는지 눈물을 뚝뚝 흘리면서도 꾹 참고 해냈다"는 아내의 말을 들으니, 아이가 너무 귀여워서 쓰러질 것 같았습니다. "울면서까지 할 필요는 없었는데" 하는 말이 입가에 맴돌았지만, 김이 샐까 참습니다. 본인이 먼저 글자를 알고 싶다고 해서 시작한 한글 공부인데 막상 해보니 힘들었나 봅니다. 그런데도 참고, 해냈다는 증거를 아빠에게 보여주고 싶었던 거 같네요. 뿌듯해하는 작고 따뜻한 몸을 끌어당겨 안자 아이는 본론을 말합니다.

"엄—청 힘들었지만 끝까지 해냈어. 이제 나한테 '인내의 별' 줘야지?"

인내의 별, 그것이 나를 기다린 이유입니다. 뭘 맡겨 놓은 것처럼 요구하는 당당한 태도에 웃음이 납니다.

"물론이지! 인내의 별 뿐 아니라, 중간에 포기하지 않고 마지막까지 마쳤으니 마무리의 별까지 함께 줄게!"
"야호! 별 두 개—!"

아이는 능숙한 몸짓으로 뒷걸음질 치며 멀찌감치 자리를 잡습니다. 야구 캐치볼을 하듯 내가 허공으로 별을 힘껏 던지면 아이는 두 손으로 받아 품에 넣는 시늉을 합니다. 별을 가슴에 비벼서 넣을 때의 표정은, 진짜 선물을 받을 때와 흡사합니다. 눈에 보이지도, 잡히지도 않는 선물인데도 그렇게 좋나 봅니다.

이 별은 일종의 칭찬 스티커로서 우리 둘만의 칭찬 방식입니다. 칭찬 스티커는 쿠폰처럼 목표 개수에 도달하면 장난감이나 간식과 같은 보상을 받고 초기화가 되지만 별은 아무리 모아도 다른 것과 교환이 되거나 초기화되지 않습니다. 몇 개를 모으면 무엇을 받는다는 가정 자체가 없거든요. 스티커는 적립을 마친 '그 언젠가'를 향해 달려가지만, 별은 칭찬을 주고받는 두 사람의 '지금 이 순간'에 머무는 격려 그 자체입니다.

처음으로 아이에게 별을 줬던 때가 기억납니다. 당시 아이는 눈물 많은 다섯 살이었습니다. 아침마다 "아빠, 회사 가지 말고 나랑 놀자"라며 눈물을 흘리고, 방울방울 콧물 풍선을 불며 매달렸습니다. 아빠가 없는 동안 '아빠 마음의 별'과 함께 있으라며 반딧불이 잡듯 공중의 별을 따다 가슴 품에 살짝 넣어주곤 했습니다. 이렇게 아이를 달랠 때 쓰던 기술은 점차 지금처럼 칭찬의 용도로 진화했습니다. '아이의 행동(노력)

알아봐 주기' '칭찬 내용에 따라 별 이름 짓기' '별 던져주기(칭찬하기)' 3단계 형식으로 자리를 잡게 되었습니다.

칭찬 스티커 발부는 일관성의 원칙을 지켜야 하기에 스티커 받을 수 있는 행동을 미리 정할 수밖에 없지만, 별은 내가 알아차릴 수 있는 모든 긍정적인 행동에 이름을 붙이기만 하면 그만이었습니다. 몇 가지 예를 들자면 이렇습니다.

멸치 똥 빼기, 애호박을 직접 썰어 된장찌개 만들기, 쌀 씻기(쌀 대신 거의 손을 씻음), 자전거 타기 등 새로운 경험을 시도했을 땐 '도전의 별', 스스로 양치질이나 샤워를 시도했을 땐 '스스로의 별', 치과에 다녀왔을 때나 아빠가 잠깐 쓰레기를 버리러 다녀오는 사이 집에 혼자 있을 땐 '용기의 별', 좋아하는 장난감을 친구에게 양보하기로 마음먹었을 땐 '양보의 별', 식사 전 손 씻고 수저를 놓았을 땐 '준비의 별', 식사 후 "잘 먹었습니다" 인사와 함께 자신의 식기를 싱크대에 넣으면 '마무리의 별'을 줍니다. 극히 드물지만, 잠자기 전 시키지도 않았는데 장난감 정리를 혼자서 해냈을 때 스스로의 별과 마무리의 별을 동시에 줍니다.

아이가 스스로 장난감 정리를 하는 건 정말 대단한 일입니다. 이처럼 크게 칭찬을 해주고 싶을 땐 "특별히 크고 단단하게 만든 별이야"라는 말을 덧붙이면 아이 눈썹과 입꼬리가 활짝 올라갑니다. 구름을 뭉치듯 허공에 팔을 휘저으며 "으챠으챠—별을 모아 모아—크게 만들어서—준비됐지? 자, 받아라!" 하며 아이 앞에서 부산을 떨 때마다 아내는 번번이 "뭐 하는 거야?"라며 웃습니다.

나의 몸짓이 희한하고 웃겨 보이겠지만 나름대로 의미 있는 의식입니다. 어떤 행동을 했는지에 따라 별의 이름(칭찬의 이름)이 달라서, 아이는 자신이 칭찬을 듣는 이유를 잘 알 수 있을 뿐 아니라 그 이유까지 기억하게 됩니다. 게다가 야단스럽고, 웃긴 몸동작이 가미되어 있으니 단순히 말을 전하는 것보다 재미있죠. 나의 입에서 아이의 귀로 사라지는 것이 아닌 서로의 몸짓으로 완성됩니다.

여섯 살이 된 어느 날, 아이가 물었습니다.

"아빠, 별이 많으면 뭐가 좋아?"
"조, 좋은 사람이 되는 거지!?"

갑작스러운 아이의 질문에 당황스러워진 나는 말꼬리가 의문형으로 올라갔습니다. 그저 아이의 좋은 습관을 만들기 위한 미끼 정도로 별을 활용했을 뿐이었으니까요. 이실직고해서 아이를 실망하게 할 순 없었습니다. 다행히 아이는 나의 말을 그대로 받아들입니다.

"아빠도 별이 많아?"
"응, 아빠도 좋은 사람이니까."
"나도 좋은 사람이 돼?"
"넌 이미 좋은 사람이 되었어."
"난 악당이 되고 싶은데?"
"뭐라고? 별은 필요 없어? 이제 주지 말까?"

"아니, 그래도 줘야지!"

"어쩌나? 지금처럼 계속 별을 모으다간 더 좋은 사람이 되고 말 텐데…."

어느새 2021년, 악당 지망생은 일곱 살이 되었습니다. 그동안 얼마나 많은 별을 모았는지 셀 수도 없지만, 목욕을 마친 후 내복을 앞뒤 거꾸로 입는 건 여전합니다. 괜찮습니다. 이대로도 스스로의 별을 받기엔 충분하니까요.

사실 '똑바로의 별' 같은 건 애초에 만들지도 않았습니다. '옷을 똑바로 입기' 같은 건 언젠가 저절로 하게 될뿐더러, 가능하면 결과물의 수준이 아닌 아이의 노력에 초점을 맞추려 하기 때문입니다.

"수현아, 언제 내복을 다 입었니? 이번 스스로의 별은 엄청나게 크고 빠른 별이니까 더 멀리 떨어져! 조심해!"

"준비됐어!"

"(바윗덩어리를 던지듯이)옜다, 별 받아라!"

며칠 후 일요일 아침, 식탁에서 우엉 뻥튀기 과자를 먹는데 심심하면서도 은근히 짭짤한 맛에 손과 입이 멈추지를 않았습니다. "앗, 이러다 다 먹고 살찌겠다"라고 혼잣말하며 과자 뚜껑을 덮는데 지나가던 아이가 그 말을 듣고 묻습니다.

"아빠! 더 먹고 싶은데 참은 거야?"
"응."
"잘했네. '참음의 별' 받아야겠네. 내가 하나 줄게."
"앗, 고맙다!?(또 의문형으로 끝난 말꼬리)"

갑자기 훅 들어온 칭찬에 웃음이 터졌습니다. 아니 이거, 기분이 꽤 괜찮군요. 별을 받아서가 아니라 아이가 나의 애씀(?)을 알아봐 준 것이 고맙고 기특했습니다. 아이도 별을 받을 때 이런 기분이었을까요. 지금껏 아이를 기쁘게 했던 건 별보다 '자신을 알아봐 준 것'

그 자체였나 싶습니다. 별을 주기 시작한 지 3년 만에 별을 받는 입장의 기분을 처음으로 느껴본 순간이었습니다.

거실에 아내가 보입니다. 아차, 놓칠 뻔했습니다. 코로나19로 일을 하지 못하고 육아를 전담 중인 아내의 고단한 나날을 향해서도 별을 주고 싶습니다. 웃으면서 "별 말고 돈을 줘"라고 농담하는 사람을 붙들고 굳이 별을 던져줍니다. 아내에게는 처음입니다.

"자, 간다! '고마움의 별'이야! 더 필요한 건 없어?"
"좋아. 내 어려움은 내가 해결할게. 당신은 지금처럼 튼튼히 서 있기만 해."

지지와 칭찬을 동시에 받는 느낌이 들었습니다. 무심하게 툭 뱉는 말이 이렇게까지 멋질 일인가요. 가는 말이 고와서 그런가, 오는 말이 감동적입니다.

아빠가 아직은 숨기고 싶은 이야기

세 식구가 불을 끄고 누운 금요일 밤 열 시, 아이는 엄마와 낮에 나눴던 대화가 떠오른 듯 내게 물었습니다.

아이: 아빠는 옛날에 '대머리'에 '거지'였어?

아빠: 뭐라고?! 거지까지는 아니었는데?

아이: 그럼 물건이 없었어?

엄마: 물건은 좀 없었어.

아이: 아, 물건만 거지였구나?

아빠: 아니, 그런데 대머리라는 말은 누구한테 들었어?

아이: 엄마가 말해주던데?

엄마: 대머리가 아니라, 아빠를 처음 만났을 때 '빡빡머리'였다고 했지. 그리고 아빠가 지하에 살 때

몸에 곰팡이가 폈었고, 돈이 없어서 엄마가 밥을 자주 사줬다고 했지. 거지라고는 안 했거든?

아빠: 수현아, 아빠가 대머리가 안 되길 바라는 게 좋을 거야. 아빠가 대머리가 되면 너도 커서 대머리 된다? 으하하!

아이: 대머리 싫어! 나 대머리 되는 거야?

아빠: 아직은 몰라. 아빠의 아빠가 너무 젊을 때 돌아가시지만 않았으면 우리 집안에 대머리 유전자가 있는지 없는지 미리 알 수 있었을 텐데 아쉽네. 아빠 이마가 점점 넓어지는지 앞으로 잘 지켜보는 수밖에.

이런저런 이야기를 나누며 우리 셋은 어둠 속에서 키득키득 웃었습니다. 그러다 대머리, 거지라는 표현은 듣는 사람을 불편하게 할 수 있어 안 쓰는 게 좋다는 설명도 곁들였습니다. 아이를 어서 재워야 했기에 "이제 그만"을 신호로 취침 인사를 나눴습니다. 캄캄한 방이 조용해졌습니다.

코로나19 때문에 집에 있는 시간이 많아진 아이는 엄마를 통해 아빠의 과거에 대해 많은 것을 알기 시작했습니다. 자신은 기억하지 못하는 아기 때의 에피소드뿐 아니라 아빠 엄마가 살아온 이야기 역시 흥미롭게 듣습니다. 하지만 처음 아빠가 되었을 때의 고생담처럼 아직은 들려주고 싶지 않은 이야기도 있습니다. 아이 잘못은 하나도 없지만 듣기에 따라 '나 때문에 아빠가 힘들었다'고 받아들일 수도 있을 것 같아서 그렇습니다.

그러고 보니 나는 어떤 시점부터 아빠였던 걸까요? 임신 테스트기에서 두 줄을 확인했을 때? 산부인과에서 초음파 사진과 심장 박동 소리로 처음 만났을 때? 어두컴컴한 가족 분만실에서 아이를 처음 품에 안았을 때? 2주간의 산후조리원 생활을 마친 후 본격적으로 아빠 역할을 시작했을 때? 아무튼 서른셋에 아빠가 되었고, 그때는 모든 게 서툴고 부족했습니다. 당시 "아빠의 삶이란 어떤 것이냐"는 누군가의 물음에 "아이 엄마가 돌아오길 기다리는 삶"이라고 답할 정도였으니까요.

직장에 출근하기도 전에 퇴근하고 싶은 것처럼, 혼자 아이를 보는 날엔 아내가 외출하기 전부터 귀가를 기다렸습니다. 목을 스스로 가누지 못하는 작은 아이와 단둘이 있다는 사실은 내게 두려움이었습니다. 다리가 두 개뿐인 위태로운 의자에 앉은 것 같았습니다. 먹이고, 재우고, 씻기고, 기저귀 가는 일이 어렵지 않았음에도 아내가 없는 사이 내가 알지 못하는 이유로 이 여린 생명에게 탈이 날까 봐 불안했습니다. 빨리 시간이 흘러 아내가 돌아오기를, 그리고 아이가 얼른 자라기를, 그래서 마침내 육아에서 해방되기를 간절히 기다렸습니다. 지금 생각해보면 육아 해방이 아니라 육아 불안감에서 해방되고 싶었던 것 같습니다.

그런 내 마음과는 상관없이 아내는 며칠간 지방 출장을 떠났습니다. 그리고 나는 그 기간 직장에서 연차 휴가를 몰아 썼습니다. 그 덕에 생후 60일이 된 아기와 둘만 보내는 가을 휴가가 시작됐습니다. 낮과 밤 구분 없는 육아와 가사에 나는 수면 부족과 피로 누적으로 지쳐갔습니다. 제대로 먹지도 씻지도 못하고, 대화

나눌 사람도 하나 없으니 육아 우울이라 부를만한 상태에 이르기까지 그리 오래 걸리지 않았습니다. 아이가 방긋 웃을 때만 나도 잠시 웃음이 났을 뿐 그밖에는 기분이 가라앉아있는 상태가 계속되었습니다. 누가 들으면 겨우 며칠 가지고 엄살 부린다며 코웃음 칠지도 모르겠습니다.

 냉동실에 얼려 둔 모유를 데워 먹이고, 기저귀를 갈고, 안아 줬습니다. 아이는 맘 카페에서 알려 준 대로 청소기 소리, 백색 소음을 들려줘도 울음을 그치지 않았습니다. 24시간 아이를 보는데 교대할 사람이 없는 현실은 나를 괴롭고, 외롭게 했습니다. 단 한 시간이라도 혼자 있는 시간이 간절했습니다. 그러다 넋이 나가서는 아이 울음소리가 마치 먼 곳의 종소리처럼 은은하고 아련하게 들려 제대로 반응을 하지 못하기도 했습니다. 한 번은 새벽 세 시에 우는 아이를 달래려 중탕한 젖병이 너무 데워져서 눈물과 짜증이 났습니다. '내가 이걸 다시 냉수에 식혀야 해?' 분통이 터지며 뜨거운 플라스틱 젖병을 바닥에 내려치고 싶은 충동을 느꼈습니다. 아, 나는 생각보다 유리 멘탈이었습니다.

닷새 만에 집에 돌아온 아내는 나의 다크 서클을 보며 웃었습니다. "우리 집 가장님 오셨습니까?" "고생 많았어" "나는 죽는 줄 알았다. 나 잘 거니까 무슨 일이 있어도 절대 깨우지 마." 이런 대화를 주고받고 육아 퇴근한 좀비는 단잠에 빠졌습니다. 정신은 다음 날이 되어서야 제대로 돌아왔습니다.

사실 그때 체력과 정신력이 빨리 바닥나게 된 건 다른 사정도 있습니다. 당시 나는 한밤중에 숨을 멈추고 잠든 아이의 인중에 귀나 손가락을 수시로 대어보며 잠을 설쳤습니다. 건강하던 아기가 수면 중 갑자기 목숨을 잃는다는 "영아 돌연사"에 관한 뉴스가 자꾸 떠오른 탓입니다. 그게 우리 집 일이 되어선 결코 안 되었기에, 아이가 잘 때도 나는 좀처럼 잘 수 없었습니다.

아내가 돌아오기 전날 밤, 내 나이 아홉 살 무렵의 한 장면이 눈앞에 떠올랐습니다. 그동안 살면서 단 한 번도 회상해본 적 없던 기억입니다.

어느 낮, 어린이였던 나는 새벽일을 마친 끝에 곤히

잠든 엄마 곁에 누워 있었습니다. 어쩐지 엄마는 너무 오랫동안 낮잠을 주무셨습니다. '아빠처럼 엄마도 세상을 떠나면 어쩌지?' 하는 불길함 앞에 나는 무력했습니다. 심지어 엄마가 나를 걱정할까 봐 "엄마는 절대 떠나면 안 돼"라는 말을 꺼내지도 못했습니다. 유일하게 할 수 있는 건 엄마의 코 아래에 손가락을 대어보거나, 목에 맥박이 뛰고 있는지 확인하는 것이었습니다. 그러다 목에 점이 몇 개인지 세 보거나 점을 연결해서 눈으로 그림을 그리기도 했습니다. 그렇게 잠든 엄마를 바라보며 숨결을 확인하고, 안도하는 날이 오랜 기간 이어졌습니다. 그랬던 아이가 자라나 자신의 아이에게도 같은 행동을 하고 있다는 걸 회상을 통해 깨달았습니다. 잠든 아이나 과거의 잠든 엄마에 대해 느끼는 불안감은 대상만 다를 뿐 결국 같은 것이었습니다. 소중한 사람을 결코 잃고 싶지 않다는 마음이었죠.

이런 육아 불안의 원형을 만난 것이 혹독한 가을 휴가의 소득이라면 소득이었습니다. 별다른 일이 일어나지 않는 시시하고 평범한 일상을 감사하게 때론 애틋하게 여기게 된 이유가 바로, 원치 않는 일이 일어날까 불안해하던 날들이 있었기 때문인 것 같습니다. 아파본 사람이 건강을 더 잘 돌보는 것과 같이.

요즘 우리 세 식구는 잘 지내고 있고, 내 머리카락도 제자리에 있습니다. "있을 때 잘해. 후회하지 말고 ~♩♪"라는 노래를 우리 집 주제가로 삼아, 매일매일 오늘 밤처럼 웃고 떠들다 잠들면 좋겠습니다. 내 머리카락도 잘 간수하고요.

다음 날 밤에도 우리는 불을 끄고 누워 도란도란 이야기를 나눴습니다. 아이의 아기 시절 이야기를 들려주던 끝에 아이를 슬쩍 놀렸습니다.

아빠: 아빠도 어릴 땐 너처럼 귀여웠어. 너도 어른 되면 아빠 얼굴처럼 된다? 네 얼굴 미리 보기 버전이 아빠야.

아이: 못 생기기 싫어!

엄마: 안 돼!

: 아이의 언어 세계

하루 중 제일 좋아하는 시간은 단연 자려고 누웠을 때입니다. 제일 반갑지 않은 시간은 기상 알람이 울릴 때고요. 아이는 정반대입니다. 아침에는 놀기 위해 눈이 번쩍 떠지고, 밤에는 노느라 자는 시간을 미룹니다. 아무리 놀아도 시간이 부족하다는 아이를 여러 번 달래 불을 끄고 눕히는 게 일상입니다. 잘 시간이 가까워지면 "어떡해! 놀 시간이 없어!" 하면서 가끔 울음을 터뜨리기도 하니, 놀이를 향한 절절한 마음이 너무 귀엽습니다.

자려고 누웠을 때가 또 좋은 이유는 어둡기 때문에 가족들이 서로의 말에 집중하게 된다는 점입니다. 하루치 삶을 돌아보면 즐거웠던 것과 아닌 것이 섞여 있기 마련인데 어떤 날에는 썩 유쾌하지 않은 생각과 기분이 잠자리까지 따라오기도 합니다. 그래서 우리들은 나름의 수면 의식을 가집니다. 끝이 좋으면 다 좋다고 하잖아요. 즐겁거나 의미 있는 순간을 떠올리며 하루를 마무리하기 위해, 나는 매일 밤 똑같은 운을 띄웁니다. '말로 하는 감사 일기'라고나 할까요.

아빠: 오늘은 어떤 게 좋았을까? 각자 한 가지씩 말해 보―기.
아이: 엄마, 먼저!
엄마: 난 한참 동안 신경 쓰였던 일이 오늘 끝나서 마음이 후련해. 넌?
아이: 난 지금 이때가 좋아.(딱히 할 말이 없을 때의 단골 레퍼토리 대답)
엄마: 어린이집 친구가 편지 써 줬다고 하지 않았어?
아이: 아, 그게 좋았어. 아빠는 뭐가 좋았어?
아빠: (두뇌 풀가동)음… 아빠는 점심때 먹은 제육볶음 반찬이 너무 맛있었어.

대단한 것 없이 거의 이런 식입니다.

"이제 그만 자자"라는 아내의 말에 아이는 "합죽이가 됩시다, 합!"이라고 구령을 넣었습니다. 어둠 속에서 슬쩍 놀랐습니다. 아이에게 "합죽이란 말은 쓰지 말자"고 하고 싶었습니다. 그건 사전적으로는 "이가 빠져서 입과 볼이 움푹 들어간 사람을 낮잡아 이르는 말"이면서, 흔히 "언어 표현이 어려운 장애인"을 비하하는 말로 사용되니까요. 그때 순발력 좋은 아내가 먼저 짚어줍니다. 우리 부부의 팀웍은 '척하면 척'입니다.

엄마: 수현아, 잠깐만. 세상에 앞을 못 보는 사람이 있잖아.

아이: 나, 알아. 그래서 신호등에 소리 나는 장치가 있다는 것도 알아.

엄마: 말을 잘하지 못하는 사람도 있어. 합죽이는 그런 사람을 놀리는 말이야. 안 쓰는 게 좋겠어.

아이: 그래, 알겠어.

아이는 곧장 받아들입니다.

우리는 "합죽이가 됩시다, 합!" 대신 "말을 마칩시다, 끝!"으로 수정했습니다. 작은 촛불을 후—불어 끄듯 내가 새로운 구호를 속삭이자 컴컴한 방이 완전히 조용해졌습니다.

아니 그런데 "합죽이" 때문에 눈이 떠집니다. 내가 유치원 시절에 들었던 말 같은데 30여 년이 지난 지금, 다시 아이의 입에서 듣게 될 줄은 몰랐습니다. 이제 그만 세상에서 사라져도 될 것 같은 그 말은 어째서 아직까지 구전되어 오는 것일까요. 오래된 '차별적 표현들'을 정리하는 게 필요하지 않을까요.

심지어 요즘 아이들 사이에서 다문화 가족 아이는 "야! 다문화!"라고 불린다면서요. "휴거(휴먼시아 거지)" "엘사(LH주택에 사는 사람)" "기생수(기초생활수급자 가정의 아이)" 같은 폭력적인 멸칭蔑稱(경멸을 담아 부르는 말)도 있다는 사실에 충격을 금치 못했습니다. 합죽이 같은 닳고 닳은 말이 질기게 살아있는 와중에, 혐오 표현이 추가적으로 계속 만들어지고 있다는 게 너무 분

합니다. 놀림받은 아이나 그들 부모가 입은 마음의 상처는 누가 책임지나요.

아이든 어른이든 살아가면서 마주치고 싶지 않은 말이 있을 수 있습니다. 모멸과 비하의 언어를 피해 다녀본 사람이 어디 한두 사람일까요. 어린 시절의 나에게 "후레자식(배운 데 없이 제풀로 막되게 자라 교양이나 버릇이 없는 사람을 낮잡아 이르는 말)"이라는 표현이 그랬듯, 휴거의 영향권에서 상처를 받으며 지내는 아이도 있을 거라는 생각에 심란해집니다. 내가 아빠가 된 후로는 '아이가 살아가게 될 세상'이라는 안경을 쓰고 사회를 보게 되었는데, 이것도 전혀 남 일 같지가 않네요. 아이를 키우는 한 사람으로서 '아이의 언어 세계'에 대한 책임감이 느껴집니다.

"그게 뭐 어때서" 하고 눙치며 넘어갈 수도 있겠지만 흔히 쓰는 언어에서 상처 받는 이들이 분명 존재합니다. 아이들은 자신과 다른 타인을 있는 그대로 바라보며 쉽게 받아들이니 어른들이 가진 편견 역시 쉽게 흡수합니다. 양육자라는 창문을 통해 세상을 이해하기 시작하니까요. 아무리 견고한 편견과 오해라 하더라도 처음에는 작고 일상적인 것에서부터 출발합니다.

이런 이유로 수현이가 밖에서 듣고 온 말에 관해 부지런히 대화하려고 합니다. '편견의 언어'를 바로 잡고, '존중의 언어'를 알려주는 것은 곧 '타인을 대하는 태도'를 가르치는 것이기 때문입니다.

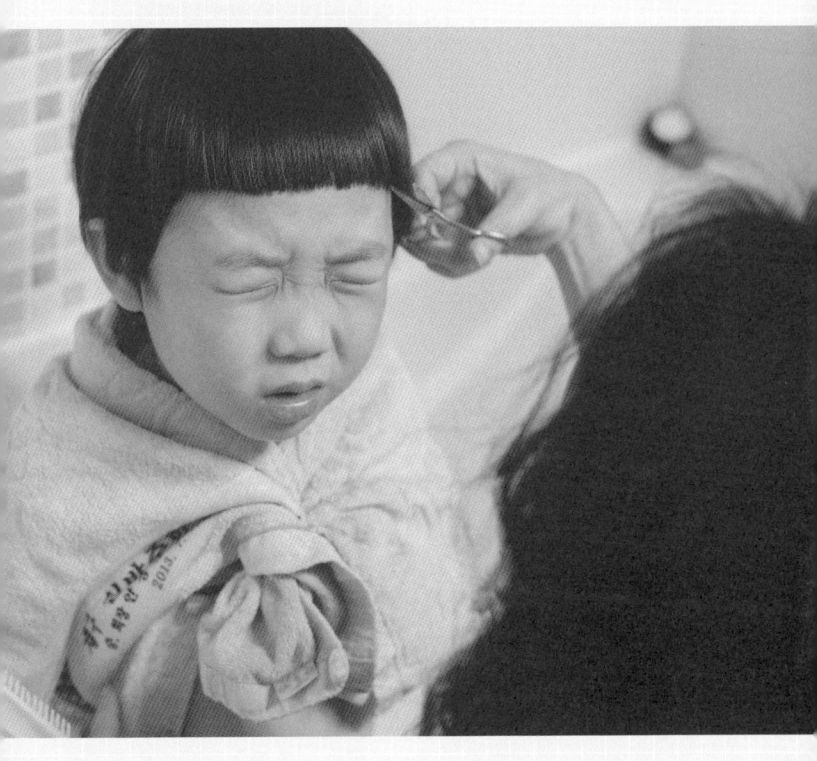

아이가 살아갈 세상

내 직업은 "정신건강 사회복지사"입니다. 정신적으로 힘든 사람들을(구체적인 증상으로는 우울증, 공황장애, 강박증, 조현병 등을 앓는 분들, 처한 상황으로 치자면 좌절, 상실, 불안정, 부적응 등을 겪고 계신 분들) 돕는 일을 합니다. 증상을 다스리며 일상생활을 잘할 수 있도록 상담을 하거나, 정신건강의학과 의사와의 진료 일정을 잡아주곤 합니다. 자신 또는 주변 사람 누구 하나 다치겠다 싶을 정도로 병이 깊었을 땐 직접 집을 찾아가 치료를 받도록 돕기도 하지만 보통은 상담실에서 만납니다.

장기적인 우울감을 호소하며 상담실을 찾은 사람 중에는 이혼이나 별거, 사별 등의 이유로 혼자 자녀를 양육하게 된 어머니 또는 아버지가 드물지 않습니다. 그중 많은 이들이 상담을 결심하게 된 계기가 "나 때문에 아이에게 부정적인 영향이 갈까 봐 걱정되어서"였습니다. 누구보다 힘든 건 자신일 텐데 자식 걱정이 치료의 동기가 되는 사람들이었습니다. 자식을 이 세상에 혼자 둘 수 없다는 것이 삶의 이유인 이들을 만나던 어느 날이었습니다.

언젠가 어느 한 부모 양육자로부터 "무기력해서 아이들을 잘 돌보지도 못하는데, 어디 가서 후레자식 소리를 들을까 봐 걱정"이라는 말을 들었습니다. "아, 후레자식이요…" 어린 시절 뇌리에 새겨진 이 메스꺼운 단어의 어원은 "아비 없이 홀어미가 혼자 키운 자식"입니다. 보통은 "버릇없이 제멋대로 자란 사람"을 가리키는 말입니다.

많은 욕설이 그렇듯, 이것도 부모에 대한 욕을 내포하고 있습니다. 배우자를 상실한 양육자, 그중에서도 마음이 얇아져 세상 사람들 이목을 신경 쓰며 지내는 이들에게 두려움을 선사하는 말입니다. 완전히 잊고 지낸 그 말이 아직도 세상 한구석에서 악한 영향력을 뻗치고 있다는 걸 확인한 순간이었습니다. 하긴, "합죽이" 같은 말도 살아있는데, "후레자식"이 순순히 사라질 리가 없었습니다.

사별 후, 20대 때부터 우리 두 형제를 혼자서 키워낸 어머니가 거의 유일하게 강조했던 건 예절이었습니다. 항상 "아비 없는 후레자식 소리 듣지 않으려면 예의 바르게 행동하라"는 당부가 있었습니다. 어머니의 바람은 "예의 바른 아이"였지만, 나는 "아비 없는 후레자식"에 방점을 찍어 "어머니를 욕 먹이는 짓은 하지 말자"로 받아들이고 말았습니다. 지혜로운 누군가가 내 생각을 바로잡아주었더라면 얼마나 좋았을까요. 하지만 누구에게도 도움받지 못했습니다. 아무한테도 말을 하지 않았으니까요.

이런 생각이 주는 막연한 불안감이 '자기 검열의 입마개'가 되어, 초등학생 시절 매 학기 통지표마다 "매사에 소극적"이라는 평가를 받은 이유가 되었을지도 모르겠습니다. 가끔 센스 있는 담임선생님의 경우에는 "내성적이다, 차분하다"라는 비교적 완곡한 표현을 적어주어 어머니에게 배달하기가 덜 민망했습니다. 그렇게 후레자식이라는 실체 없는 꼬리표로부터 도망치며 세상에 용납받는 삶을 좇던 나머지 나도 모르게 사회복지사가 되어 남을 돕는 길을 걷게 되고 만 것일까요.

한 부모 내담자가 우울증 때문에 양육자 역할을 제대로 하지 못한다며 죄책감과 슬픔을 토로할 때, 내가 위로와 지지를 건넬 수 있음에 감사한 마음이 듭니다. 내가 만난 몇 사람이라도 자신을 향한 비난의 언어나 자격지심으로부터 자유로워졌으면 좋겠습니다. 그렇게 양육자와 아이들 마음속에 자리 잡은 혐오와 괴로움의 언어를 희석시키다 보면, 내 아이가 살아갈 미래도 조금은 더 나아지지 않을까요. 과장하자면, 상담실에서의 내 작은 애씀은 '아이가 살아갈 세상'과 가늘게 연결되어 있는 것 같기도 합니다.

처음으로 궁금해집니다. 한 부모였던 나의 어머니는 젊어서 어떤 고민을 했었을까요. 과거로 돌아가 30대 시절의 당신을 만날 수 있다면 내가 귀 기울여 듣거나, 해줄 수 있는 말이 있을 것 같습니다. 또 당신은 어떤 말로부터 도망치고 싶었는지도 물어보고 싶습니다. 그리고 대답과 상관없이 하고 싶은 말이 있습니다.

"어머니 덕분에 난 정말 멋지게 컸어요"

평소엔 가족 중에 가장 먼저 잠이 들지만, 어쩐지 오늘 밤은 쉽게 잠이 들지 않습니다.

남자다운 머리

한가로운 토요일 아침, 모처럼 이발하러 다녀오겠다고 아내에게 말하니, 아이가 어디선가 나타나 "아빠, 나도 머리 자를래. 나 데리고 가!"라고 합니다. 그동안 미용실 가기 싫다고 울었던 아이에게 그 사이 무슨 일이 일어났을까요.

"수현아, 너 미용실 가는 거 무섭다고 하지 않았어?"
"이젠 아니야. 미용실 가면 아픈 줄 알았는데, 지난번에 가봤더니 하나도 안 아팠거든."
"그런데 어째서 미용실에 가려고 하는 거야?"
"어제 어떤 형아 두 명이 나한테 여자냐고 놀리더라? 머리가 길다고."

이럴 수가! 길게 찰랑거리는 바가지 머리가 놀림감이 될 줄은 몰랐네요. 아이 역시 마찬가지였겠죠. "너 여자냐?"라는 질문에 마음이 꽤 흔들렸나 봅니다. 그 형아들이 정말 수현이의 성별이 궁금해서 묻지는 않았을 것입니다. '남자라면 당연히 머리가 짧아야 한다'는 자신만의 생각을 놀림의 형식으로 전했던 것이 겠지요. 나는 이 사랑스러운 헤어스타일을 언제까지나 보고 싶었는데, 아이는 놀림거리가 되지 않기 위해 머리를 짧게 자르려는 모양입니다. 평소 아이와 그림책이나 애니메이션을 볼 때 성별에 대해 고정된 생각을 가지지 않도록 알려주곤 했습니다. 여전히 너무 많은 만화가 성별 고정관념을 계승하고 있었습니다. 파란색 남자 캐릭터는 도전적이거나 사고뭉치이고, 분홍색 여자 캐릭터는 정서적이고 보조와 돌봄의 역할을 하는 식이었습니다. 그런 콘텐츠를 접했을 때 그걸 교재 삼아 아이에게 틈틈이 일러주었기에, 아이 자신도 잘 알고 있습니다. 색깔이나 성격, 역할, 겉모습이 그 사람의 성별을 대표하지 못한다는 사실을요.

하지만 동네 형아들이 던진 질문의 파장은 꽤 컸나 봅니다. "얼레리 꼴레리" 같은 단순한 놀림이 아닌 어떤 '기준 미달'을 가리키는 지적이었으니까요. 누구도 의도하지 않았겠지만 어른들 세계의 고정관념이 아이들에게 수직으로 전해져 내려오고 있고, 아이들 세계로 수평으로 번져 나가는 것 같아 속상했습니다. 일곱 살이 되어 '또래 사회'를 경험하기 시작한 수현이도 이제 막 그 영향권 안에 들어섰습니다. "그러려니" 하고 넘어가고 싶었지만 내 마음은 이미 편치 않았습니다. 누군지도 모르는 형아들이 얄미웠습니다. 나는 아이에게 아무렇지 않은 척 물었습니다.

"속상했어?"
"속상했지."
"그래서 넌 뭐라고 대답했는데?"
"그냥… 엄마가 잘라줘서 이렇다고 대답했지."
"수현아, 잘 들어. 놀림받았다고 네게 문제가 있는 건 아니야. 절대."

아이가 놀림을 당해 속상했다고 하니, 내 마음도 무거워졌습니다. "엄마 때문"이라는 사실 그대로의 대답이 귀여워 아내와 나는 웃었지만 아이의 표정은 변화가 없습니다. 타인의 지적이나 문제 제기가 항상 옳은 것은 아님에도 그것에서 자유롭기란 쉽지 않습니다. 아이라고 다를까요. 아이는 자신의 긴 머리가 문제라고 받아들인 모양입니다. 그래서 해결책으로 머리를 자르겠다는 큰 결단을 한 것이고요. 제 딴에는 그것이 최선의 선택 또는 유일한 선택이었겠지요. 하지만 문제가 틀렸는데 올바른 답이 있을 리가요. 문제라고 여길 필요도 없는 것을 자신의 문제라고 안아 들면, 불필요한 고민이 아이 마음속에서 자라날 것입니다. 옳지도 않은 채점 기준에 자신을 맞추려 쫓기듯이 머리를 자르고 말과 행동을 다듬다 보면 앞으로 끝도 없을 것입니다. 게다가 무게 중심이 남에게 있으니 남의 반응에 얼마나 쉽게 흔들릴까요. 아이가 남들과 다른 면이 있어 어쩌다 "미운 오리 새끼"처럼 놀림을 받게 될 때 '왜 나는, 왜 나만 저들과 다르지?'라는 꼬리를 무

는 물음의 함정에 빠지는 일은 없었으면 합니다.

이 상황은 "머리를 자르냐, 마느냐"의 양자택일 객관식 문제가 아니므로, 보기에 없는 주관식 답을 찾아야 합니다. 편견으로 이뤄진 커트라인 안에 들기 위해 애쓸 필요가 전혀 없다는 걸, '남자다운 머리'를 만드는 것보다 더 나은 답이 있다는 걸 알려주고 싶었습니다. 편견이란 다양성과 예외적 측면을 받아들이지 못해 생기는 문제입니다. 좋은 답은 언제나 그 예외적인 것에 있고요. 이제 아이 스스로 답을 알아내도록 이끌어 줄 차례입니다. 그럴 땐 퀴즈만큼 좋은 형식이 없지요.

"수현아, 퀴―즈 타―임! 이 세상에는 머리가 긴 남자가 있다? 없다?"
"있다!"
"빡빡머리인 여자가?"
"있다!"
"머리카락 길이와 성별은 상관이?"

"없다!"

"좋아! 제대로 알고 있네!(하이파이브 짝!) 정말인지 확인해볼까?"

바로 스마트폰을 켰습니다. '장발 남자'를 키워드로 한 구글 이미지 검색 결과를 보여주었습니다. 원빈, 박보검, 강동원의 장발을 보니 너무 멋집니다. '아—장발 어울려서 좋겠다'는 생각이 듭니다. 아이는 국내외 장발 미남들의 사진을 주의 깊게, 실로 진지하게 들여다보았습니다. 옆에서 보던 아내가 "누구나 알 만한 사람을 찾아주면 어때?"라며 한 마디 거듭니다. 근데 그런 사람이 누가 있던가요.

"아, 맞다! 지구 상에서 역대급으로 멋졌던 사람도 머리가 길었어. 예수님이라고 알지?"

"들어봤어."

"여기 좀 봐. 너보다 머리가 훨씬 길지?"

"맞네. 그런데 왜 사진은 없고 다 그림뿐이야?"

"그땐 카메라가 없었으니까. 자, 이제 앞으로 누가 '너 여자냐' 하고 놀리면 뭐라고 대답할래?"
"엄마 때문에 내 머리가 이렇다고 대답할 거야."

예상 밖의 대답에 나는 또 한 번 웃었습니다. 대답하는 표정을 보아하니, 아이 자신도 이 문제가 해소되었다는 것을 알았지만 쑥스러워 괜히 장난스럽게 대답한 것입니다. 아이는 이제 괜찮다고 하며 미용실에 따라오지 않았습니다.

그날의 대화를 며칠간 잊고 지냈는데 어느 날 저녁, 식탁 화제로 다시 올라왔습니다. 아이는 자랑스러운 표정으로 낮에 있었던 일을 얘기했습니다.

"아빠, 그때 그 형아들이 오늘도 나를 놀리더라?"
"그 형아들?"
"나한테 여자냐고 했던 형아들 말이야."
"오늘은 뭐라고 했는데?"
"'너는 남자인데 왜 이렇게 머리가 길어? 도대체

여자야 남자야?'라고 또 그러더라."
"아잇! 그래서 뭐라고 말했어?"
"'형아들 세상을 잘 모르는구나? 세상에 머리 긴 남자가 얼마나 많은데. 예수님 몰라? 형아들 그러다가 엉뚱한 사람으로 자란다'라고 했지."

디스 랩을 쏟아내는 래퍼 같은 아이의 모습이 상상되었습니다. "엉뚱한 사람"이라는 표현을 썼다는 게 너무 웃겼습니다. "엄마 때문에 머리가 이렇다"고 대답할 거라더니 나름대로 생각을 정리해 말을 하고 왔군요. 마음 한구석이 통쾌했습니다. 그 형아들에 대한 얄미운 마음이 쑤우욱―내려갔습니다. 한편으론 그 마음이 여태 있었다는 것에 슬쩍 찔리기도 했지만요.

"그랬더니?"
"그랬더니 형아들이 아무 말 안 하고 그냥 가던데? 그래서 내가 무슨 생각을 했게? 맞혀봐."
"글쎄, 무슨 생각을 했어?"

"'아이들이니까 그럴 수도 있지' 하고 용서의 마음을 가졌어."
"(양손 따봉)우와―정말 대단하다! 어떻게 그런 생각까지 했지?"
"아빠, 나한테 '용서의 별' 줘야지? 두 명을 용서했으니까 별 두 개 줘야지?"

심지어 용서까지 했다니 이렇게 기특할 수가 있나요. 밥 먹다 말고 용서의 별을 요란하게 던져줍니다. 휴―유아기 끝자락에 선 일곱 살의 삶이란 여섯 살 때 보다 훨씬 입체적이어서, 이번처럼 아무 짓 하지 않아도 놀림받아 속상한 일이 생기는군요. 어쩌면 앞으로 아무도 공격하지 않더라도 상처 받는 일이 생길지도 모르겠습니다. 아이 스스로 자신을 보호할 수 있도록 생각하는 힘을 길러줄 때인가 봅니다. 그런 의미에서 '세상에는 나와 비슷한 사람도, 다른 사람도 얼마든지 있다. 그건 잘못도, 문제도 아니다'라는 생각의 씨앗을 아이 마음속 깊이 심어주려고 합니다. '다름'

을 이유로 수현이가 놀림받지도, 누군가를 놀리지도 않기를 바라면서요. 남들과의 차이점을 수용하고 그저 열린 마음으로 대할 수 있다면, 궁극적으로 아이 스스로도 자신을 있는 그대로 허용하고 받아들이는데 도움이 되겠지요.

저녁 식사를 마칠 무렵, 나는 상황이 끝난 마당에 뒷북을 쳤습니다. 유명한 장발 남자들이 뒤늦게 생각나 아이에게 신나게 알려주었습니다.

"아, 맞다! 수현아! 옛날 조선 시대에는 모두 다 머리가 길었어. 돈에 그려진 이순신 장군이나 세종대왕도 말이야! 필요하면 나중에 이것도 꼭 써먹어!"

나가는 글

육아하는 사람은 육아 일기를 쓰기가 어렵습니다. 실제 글을 쓰는 시간보다 시도하는 시간이 더 많았습니다. 주로 이런 패턴이었습니다.

"아빠, 놀자!"
"아빠 글 좀 쓰고 놀자. 책으로 만들게 되면 선물로 줄게."
"그거 어른이 보는 책 아니야? 나는 글자를 모르는데? 그냥 놀자!"
"조금만 기다려줘."

아이가 거실로 나가더니 몇 분 정도는 조용합니다. 키보드에 손을 올리니 아이가 다시 방으로 들어옵니다. 몇 분 간격으로 각각 다른 장난감을 들고 와 변신을 시켜달라고 합니다.

'이 귀여운 집중력 파괴자. 그래, 오늘은 놀자.'

저녁 글쓰기는 번번이 실패합니다. 몇 달간의 시행착오 끝에 아이가 잠든 틈을 타 글을 쓸 수밖에 없다는 결론을 내렸습니다. 큰마음 먹고 두 시간 일찍 일어났습니다. 그런데 아이도 따라 일어납니다.

'어, 이러면 일찍 깬 보람이 없는데.'

아이는 내 무릎 위에 비집고 앉으며 묻습니다.

"아빠, 뭐해?"

"글 쓰려고 생각 중이야."
"생각하지 말고 나랑 말하면서 글 써."
"말하면서 글을 쓸 수가 있나?"
"아빠가 해보면 알겠지?"

헝클어진 머리에 발그레한 뺨, 따끈따끈한 몸을 안고 이불 속으로 향합니다. 포근한 이불에 나도 누워버리고 말았습니다. '이래서 대체 글은 언제 쓰지…'

주인공 소개가 늦었습니다. 아이의 이름은 '수현'입니다. 한자로는 '손 수手, 지금 현現'을 씁니다. 영화 〈죽은 시인의 사회〉에 등장하는 라틴어 "카르페 디엠 Carpe Diem"을 염두에 두고 지어 준 이름입니다. 그 말은 영어로는 "지금을 잡아라(Seize the day)"라고 번역됩니다. 사람마다 해석이 다르겠지만 나의 경우에는 "오늘은 행복해도 내일 일은 알 수 없으니 지금을 소중히 여기며 작은 행복도 만끽해라. 앞날은 너무 걱정하지 말아라. 그건 지금을 어떻게 사는지에 달려있으니까" 정도로 이해하고 있습니다.

나의 사고방식은 대체로 긍정적인 편이지만, 내 삶과 우리 가족의 미래까지 좋을 것이라고 막연히 낙관하지는 않습니다. 사고로 아버지를 잃은 개인사적인 측면의 영향도 있지만, 도움이 필요한 사람을 만나거나 가정 방문을 하는 정신건강 사회복지사라는 직업의 영향도 있습니다. 갑작스러운 경제적 문제, 주거 문제, 신체적·정신적 질병과 죽음, 가정불화와 학대, 폭력 등의 현실을 가까이에서 지켜봅니다. 코로나19 방역이 "감염으로 인한 불행이 곧 나의 일이 될 수 있다"를 전제하듯, 많은 이가 겪는 어려움 역시 "아직은 내게 오지 않은 것일 뿐"으로 여겨질 때가 많습니다. '언젠가'라는 미래의 불확실한 행복이 아닌 '오늘 하루'의 행복을 더 중요하게 여기게 된 이유입니다.

육아 일기를 통해 나누고 싶었던 건 "아이가 더 자라기 전에 더 함께 있자"였습니다. 수현이라는 한 명의 인간이 자기 이름처럼 살아갈 수 있도록, 그럴만한 바탕을 만들어주고 싶었습니다. 아이가 색칠 공부를 하려면 밑그림과 색연필 정도는 마련해줘야 하니까요. 수현이라는 이름과 같이 일상의 작은 일에도 즐거움과 만족감을 느끼는 사람으로 자랄 수 있게 하려면 나부터 먼저 그런 사람이 되어야겠다고 생각했습니다. 이 책을 읽으시는 동안, 아이와 있었던 사소한 일을 특별한 일로 기록하려는 아빠의 모습을 발견하셨다면 기쁠 것 같습니다.

육아 일기를 사람들과 나눌 수 있도록 연재 기회를

준 〈민중의소리〉 김백겸·이소희 기자, 한 권의 책으로 세상과 만날 기회를 준 레몬컬쳐 이도은 대표에게 감사드립니다. 그리고 존재 자체로 내 삶을 돌아볼 기회를 준 개구쟁이 수현, 도움과 응원을 아끼지 않은 나의 첫 번째 애독자인 아내 앵두, 내게 끝없는 사랑을 주신 어머니, (어쩐지 눈에 띄지 않게)나를 응원하는 동생에게 고마움을 전합니다.

아이들은 저마다 부모의 축복과 소망을 담은 이름을 갖고 있습니다. 그 이름처럼 살아갈 수 있도록 열심히 키우고 계시겠지요. 여러분은 아이에게 어떤 이름을 선물해주셨는지, 앞으로 어떤 이름을 주고 싶으신지 궁금합니다.

세상 모든 아이가 자신의 이름만큼 행복해지면 좋겠습니다.

너에게 출근

1판 1쇄 발행 2021년 8월 5일

지은이 오창열

펴낸이 이도은 **펴낸곳** 레몬컬쳐
출판등록 2013년 12월 26일 제305-2013-000038호
전자우편 lemonculture@hanmail.net

ISBN 979-11-88840-07-6 03810
Copyright ⓒ 2021 by LEMON CULTURE
Printed in Korea

- 이 책은 저작권법의 보호를 받는 저작물이므로 무단전재와 무단복제를 금하며, 이 책 내용의 전부 또는 일부를 사용하려면 반드시 저작권자와 레몬컬쳐의 서면 동의를 받아야 합니다.
- 잘못되거나 파손된 책은 구입하신 서점에서 교환해드립니다.
- 책값은 뒤표지에 있습니다.